Scoprire i Giochi Gratuiti Online

Disponibile Qui:

BestActivityBooks.com/FREEGAMES

5 CONSIGLI PER INIZIARE

1) COME RISOLVERE LE PAROLE INTRECCIATTE

I puzzle hanno un formato classico:

- Le parole sono nascoste senza spazi o trattini,...
- Orientamento: Le parole possono essere scritte in avanti, indietro, verso l'alto, verso il basso o in diagonale (possono essere invertite).
- Le parole possono sovrapporsi o intersecarsi.

2) APPRENDIMENTO ATTIVO

Accanto ad ogni parola c'è uno spazio per scrivere la traduzione. Per incoraggiare l'apprendimento attivo, un **DIZIONARIO** alla fine di questa edizione vi permetterà di controllare e ampliare le vostre conoscenze. Cerca e scrivi le traduzioni, trovale nel puzzle e aggiungile al tuo vocabolario!

3) SEGNARE LE PAROLE

Puoi inventare il tuo sistema di segni. Forse ne usi già uno? Per esempio, puoi segnare le parole difficili da trovare con una croce, le parole preferite con una stella, le parole nuove con un triangolo, le parole rare con un diamante, e così via.

4) STRUTTURARE L'APPRENDIMENTO

Questa edizione offre un **TACCUINO** alla fine del libro. In vacanza, in viaggio o a casa, puoi organizzare facilmente le tue nuove conoscenze senza bisogno di un secondo quaderno!

5) AVETE FINITO TUTTE LE GRIGLIE?

Nelle ultime pagine di questo libro, nella sezione della **SFIDA FINALE**, troverete un gioco gratuito!

Facile e veloce! Dai un'occhiata alla nostra collezione di libri di attività per il tuo prossimo momento di divertimento e **apprendimento,** a portata di clic!

Trova la tua prossima sfida su:

BestActivityBooks.com/MioProssimoLibro

Ai vostri posti, pronti...Via!

Sapevi che ci sono circa 7.000 lingue diverse nel mondo? Le parole sono preziose.

Amiamo le lingue e abbiamo lavorato duramente per creare libri di altissima qualità. I nostri ingredienti?

Una selezione di argomenti adatti all'apprendimento, tre buone porzioni di intrattenimento, una cucchiaiata di parole difficili e una spolverata di parole rare. Li serviamo con amore e entusiasmo in modo che tu possa risolvere i migliori giochi di parole e divertirti imparando!

La vostra opinione è essenziale. Puoi partecipare attivamente al successo di questo libro lasciandoci un commento. Ci piacerebbe sapere cosa ti è piaciuto di più di questa edizione.

Ecco un link veloce alla pagina dell'ordine:

BestBooksActivity.com/Recensione50

Grazie per il vostro aiuto e buon divertimento!

Tutta la squadra

1 - Salute e Benessere #2

```
N  H  E  K  V  Ť  U  H  C  S  X  F  A  C  O
A  T  N  A  D  C  O  M  E  N  G  S  A  X  A
L  P  E  L  E  G  W  O  L  Ě  T  L  H  I  F
M  T  R  O  E  C  A  T  A  R  D  Y  H  E  D
Í  W  G  R  P  K  N  N  V  X  M  D  L  A  R
N  N  I  I  T  F  E  O  A  Ý  O  M  O  X  I
E  Í  E  E  A  N  I  S  R  P  Ž  Á  S  A  M
M  M  I  V  L  U  G  T  T  U  L  I  W  Y  M
O  A  G  P  Á  N  Y  I  S  C  P  A  V  B  F
C  T  R  C  K  R  H  W  V  S  I  W  W  A  C
N  I  E  X  B  X  T  A  N  A  T  O  M  I  E
I  V  L  W  C  K  I  N  F  E  K  C  E  A  N
C  B  A  U  B  U  R  G  E  N  E  T  I  K  A
E  O  E  J  T  N  A  E  S  T  G  F  J  G  D
O  U  Z  D  R  A  V  Ý  V  F  V  G  F  I  C
```

ALERGIE
ANATOMIE
CHUŤ
KALORIE
TĚLO
STRAVA
TRÁVENÍ
DEHYDRATACE
ENERGIE
GENETIKA

HYGIENA
INFEKCE
NEMOC
MASÁŽ
VÝŽIVA
NEMOCNICE
HMOTNOST
KREV
ZDRAVÝ
VITAMÍN

2 - Aggettivi #2

```
A  R  I  C  J  J  J  V  C  T  M  P  N  O  S
M  U  U  X  Í  H  R  Ý  M  V  G  O  O  D  U
X  I  T  P  N  P  O  R  P  O  U  P  R  P  C
D  F  O  E  T  P  B  O  L  Ř  I  I  M  O  H
H  R  D  Ý  N  U  X  B  T  I  N  S  Á  V  Ý
W  S  T  N  A  T  Z  N  W  V  F  N  L  Ě  T
U  J  M  V  G  J  I  Í  V  Ý  J  Ý  N  D  S
V  T  H  A  E  L  B  C  H  T  K  E  Í  N  I
M  H  R  L  L  B  L  L  K  E  K  I  S  Ý  Č
G  J  M  S  E  S  U  U  M  Ý  K  D  A  L  S
H  L  A  D  O  V  Ý  N  L  I  S  V  R  L  L
N  P  Ř  Í  R  O  D  N  Í  K  W  L  C  T  V
E  O  X  W  L  Ý  K  C  I  T  A  M  A  R  D
T  J  V  K  V  Z  D  R  A  V  Ý  D  J  N  Z
K  L  N  Ý  V  A  M  Í  J  A  Z  C  U  I  Ý
```

HLADOVÝ	ZAJÍMAVÝ
SUCHÝ	PŘÍRODNÍ
AUTENTICKÝ	NORMÁLNÍ
TVOŘIVÝ	NOVÝ
POPISNÝ	HRDÝ
SLADKÝ	VÝROBNÍ
DRAMATICKÝ	ČISTÝ
ELEGANTNÍ	ODPOVĚDNÝ
SLAVNÝ	SLANÝ
SILNÝ	ZDRAVÝ

3 - Ingegneria

```
P  V  V  R  O  X  S  O  K  X  J  T  T  Y  A
M  R  Ý  D  P  W  T  S  O  V  E  Ú  B  I  R
Ě  O  Ů  P  S  E  R  A  N  F  C  S  H  U  O
Ř  T  S  M  O  G  O  Y  S  H  T  O  S  E  A
E  O  T  S  Ě  Č  J  A  T  F  A  N  N  C  L
N  M  A  T  I  R  E  R  R  N  N  A  F  A  Í
Í  K  B  R  V  L  I  T  U  K  I  O  M  T  S
E  X  I  U  P  U  G  L  K  B  L  D  V  O  L
M  C  L  K  M  B  R  X  C  C  A  B  P  R  K
M  S  I  T  A  M  E  Y  E  O  P  V  Á  C  U
E  Z  T  U  K  E  N  X  V  Y  A  P  K  M  G
A  T  A  R  K  A  E  O  I  W  K  T  Y  Y  I
U  K  O  A  H  L  O  U  B  K  A  R  I  M  Y
O  A  P  O  H  O  N  D  I  A  G  R  A  M  H
D  I  S  T  R  I  B  U  C  E  Y  I  E  D  R
```

ÚHEL	PÁKY
OSA	KAPALINA
VÝPOČET	STROJ
KONSTRUKCE	MĚŘENÍ
DIAGRAM	MOTOR
PRŮMĚR	HLOUBKA
NAFTA	POHON
DISTRIBUCE	ROTACE
ENERGIE	STABILITA
SÍLA	STRUKTURA

4 - Archeologia

```
S  T  A  R  O  V  Ě  K  Í  N  R  O  B  D  O
P  P  R  T  U  K  R  E  L  I  K  V  I  E  C
A  W  D  U  P  Í  T  F  B  Z  M  R  X  T  P
G  N  F  Y  S  N  H  R  O  B  K  A  K  C  O
D  M  A  Z  Y  M  F  D  G  S  K  V  I  K  T
Z  O  F  L  M  U  M  Z  U  L  C  X  S  W  O
R  Á  U  Y  Ý  K  D  L  J  S  B  I  G  M  M
G  O  H  C  T  Z  J  N  G  A  C  S  B  J  E
S  C  V  A  T  Ý  A  K  G  I  E  H  T  T  K
F  I  K  U  D  V  J  F  A  I  I  E  R  A  A
K  O  S  T  I  A  S  K  M  J  L  S  C  Á  Z
S  T  A  R  O  V  Ě  K  Ý  G  I  R  B  É  M
C  L  G  I  W  P  R  O  F  E  S  O  R  R  E
N  B  O  B  J  E  K  T  Y  S  O  X  P  A  L
N  E  Z  N  Á  M  Ý  A  W  T  F  U  Y  Z  F
```

ANALÝZA	KOSTI
STAROVĚK	PROFESOR
STAROVĚKÝ	RELIKVIE
POTOMEK	VÝZKUMNÍK
ÉRA	NEZNÁMÝ
ODBORNÍK	TÝM
FOSILIE	CHRÁM
ZÁHADA	HROBKA
OBJEKTY	

5 - Salute e Benessere #1

```
K  P  E  S  L  L  H  O  R  M  O  N  Y  R  R
K  L  S  B  L  É  V  J  A  M  K  Ů  Ž  E  E
U  O  I  S  F  Č  T  U  W  E  C  B  S  U  L
D  N  S  N  P  B  L  É  K  P  D  A  L  H  A
J  V  F  T  I  A  K  D  R  U  H  K  O  V  X
T  O  A  S  I  K  H  A  Y  B  B  T  R  X  A
V  Ý  Š  K  A  Í  A  Y  I  D  W  E  E  Y  C
X  M  G  N  N  N  E  R  V  Y  L  R  F  S  E
T  V  I  H  R  V  R  Y  T  L  K  I  L  Y  I
L  T  T  Z  Á  I  L  É  K  A  Ř  E  E  W  P
R  X  U  G  K  T  R  V  V  T  D  X  N  A
D  H  S  X  É  K  S  U  I  S  V  X  M  Z  R
G  Z  A  I  L  A  F  U  E  R  S  L  C  V  E
Z  L  O  M  E  N  I  N  A  A  U  R  S  Y  T
K  A  A  V  W  L  W  W  P  N  O  S  J  K  R
```

ZVYK	SVALY
VÝŠKA	NERVY
AKTIVNÍ	HORMONY
BAKTERIE	KOSTI
KLINIKA	KŮŽE
HLAD	REFLEX
LÉKÁRNA	RELAXACE
ZLOMENINA	TERAPIE
LÉK	LÉČBA
LÉKAŘ	VIRUS

6 - Aggettivi #1

```
S  X  U  M  X  A  W  V  D  U  Ý  R  P  V  T
W  H  A  P  U  Y  N  W  M  C  N  V  E  S  Ě
L  V  D  P  Ř  M  W  G  V  V  Ž  L  C  L  Ž
F  N  R  Ů  O  Í  N  T  U  L  O  S  B  A  K
V  L  J  L  L  M  M  I  O  H  T  E  C  R  Ý
M  J  E  O  T  E  A  N  A  D  O  Ý  B  Í  N
P  Z  J  S  J  D  Ž  L  Ý  V  T  K  G  N  N
Y  E  J  B  L  U  H  I  Ý  O  N  C  F  R  E
V  U  R  J  Ý  K  C  I  T  O  X  E  C  E  C
V  E  L  K  Ý  E  X  U  W  Ý  M  L  A  D  Ý
A  R  O  M  A  T  I  C  K  Ý  V  Ě  T  O  H
O  B  R  O  V  S  K  Ý  B  G  T  M  E  M  U
L  J  P  E  R  F  E  K  T  N  Í  U  N  G  O
Y  H  B  Z  Š  T  Ě  D  R  Ý  H  K  K  O  L
M  U  R  A  K  T  I  V  N  Í  R  F  Ý  X  D
```

AROMATICKÝ	DŮLEŽITÝ
UMĚLECKÝ	POMALÝ
ABSOLUTNÍ	DLOUHÝ
AKTIVNÍ	MODERNÍ
OBROVSKÝ	UPŘÍMNÝ
EXOTICKÝ	PERFEKTNÍ
ŠTĚDRÝ	TĚŽKÝ
MLADÝ	CENNÝ
VELKÝ	TENKÝ
TOTOŽNÝ	

7 - Geologia

```
W  D  T  Y  K  E  L  E  G  K  Y  J  P  V  Z
D  P  D  K  T  Y  B  K  V  O  D  E  L  R  E
G  E  J  Z  Í  R  S  T  X  R  E  S  O  S  M
K  G  I  Y  S  R  N  E  M  Á  K  K  Š  T  Ě
O  R  U  L  Ů  S  K  M  L  L  I  Y  I  V  T
N  J  G  Á  I  U  E  R  V  I  U  N  N  A  Ř
T  U  E  R  H  S  S  W  Y  A  Ě  A  K  E
I  M  O  E  K  V  O  H  C  S  V  A  V  P  S
N  K  V  N  M  J  E  F  S  W  T  K  Á  O  E
E  I  T  I  T  K  A  L  A  T  S  A  L  S  N
N  M  H  M  I  Í  K  Ř  E  M  E  N  L  R  Í
T  M  K  A  D  N  W  T  Y  M  O  R  R  Y  D
E  R  O  Z  E  P  D  T  H  F  J  M  U  F  Y
V  W  Y  K  C  Á  D  V  D  H  X  W  P  Y  D
V  O  P  E  Y  V  W  F  D  D  G  K  L  N  O
```

KYSELINA
PLOŠINA
VÁPNÍK
JESKYNĚ
KONTINENT
KORÁL
KRYSTALY
EROZE
FOSILIE
GEJZÍR

LÁVA
MINERÁLY
KÁMEN
KŘEMEN
SŮL
STALAKTIT
VRSTVA
ZEMĚTŘESENÍ
SOPKA

8 - Campeggio

```
S  D  Z  M  D  X  X  M  U  K  U  R  G  O  X
Y  O  Y  V  H  R  K  L  O  B  O  U  K  Y  L
H  B  M  C  Í  S  Ě  M  F  S  V  O  H  E  Ň
O  R  H  H  K  Ř  T  D  W  M  T  S  T  A  N
U  O  I  I  G  S  A  P  M  O  K  R  X  G  G
P  D  X  A  N  E  W  T  H  H  Y  N  O  G  L
A  R  O  H  L  L  L  V  A  K  C  G  A  M  K
C  U  P  K  A  U  C  R  V  U  A  T  G  R  Y
Í  Ž  Ř  V  N  W  X  Z  A  I  H  B  E  J  Y
S  S  Í  E  O  N  Á  K  B  L  O  V  I  A  N
Í  T  R  X  V  Z  U  F  Á  M  X  C  P  N  V
T  V  O  C  F  V  I  M  Z  A  K  K  T  R  A
S  Í  D  J  E  Z  E  R  O  P  T  G  I  W  J
H  Z  A  F  M  E  M  H  B  A  C  L  K  F  N
W  B  S  E  U  H  G  M  U  J  R  K  Y  I  R
```

STROMY	ZÁBAVA
HOUPACÍ SÍT	LES
ZVÍŘATA	OHEŇ
DOBRODRUŽSTVÍ	HMYZ
KOMPAS	JEZERO
KABINA	MĚSÍC
LOV	MAPA
KÁNOE	HORA
KLOBOUK	PŘÍRODA
LANO	STAN

9 - Arti Visive

```
P  E  R  S  P  E  K  T  I  V  A  D  K  T  J
F  O  T  O  G  R  A  F  I  E  C  K  E  V  Z
R  O  Z  O  L  V  L  D  B  P  E  R  O  O  P
D  Ř  E  V  Ě  N  É  U  H  L  Í  O  L  Ř  O
O  S  Y  D  A  G  Y  V  B  P  U  J  Í  I  R
S  L  O  Ž  E  N  Í  F  M  O  O  R  D  V  T
N  V  W  P  S  C  C  Z  G  U  D  V  E  O  R
A  R  C  H  I  T  E  K  T  U  R  A  L  S  É
J  D  Y  S  I  R  L  Š  S  W  N  C  E  T  T
O  Y  Í  T  G  N  Ě  N  A  O  G  S  V  B  X
T  U  R  Ř  F  L  M  T  N  B  V  A  T  A  U
S  O  F  U  K  U  U  D  W  M  L  I  F  M  Z
A  Z  S  F  S  O  C  H  A  J  Í  O  R  N  H
M  S  A  J  T  J  J  Y  X  R  J  F  N  M  T
T  U  Ž  K  A  E  S  Í  N  Á  V  O  L  A  M
```

ARCHITEKTURA	FOTOGRAFIE
JÍL	KŘÍDA
UMĚLEC	TUŽKA
VELEDÍLO	PERO
DŘEVĚNÉ UHLÍ	MALOVÁNÍ
STOJAN	PERSPEKTIVA
VOSK	PORTRÉT
SLOŽENÍ	SOCHA
TVOŘIVOST	ŠABLONA
FILM	LAK

10 - Tempo

```
V  I  Y  S  Í  L  N  O  C  F  P  N  M  B  E
K  A  L  E  N  D  Á  Ř  C  W  P  T  A  D  F
O  V  H  N  Č  T  S  O  N  C  U  O  D  U  B
R  Č  O  D  O  N  Á  R  Y  B  A  G  F  K  N
M  E  D  E  R  D  E  S  E  T  I  L  E  T  Í
Ě  R  I  Ř  Z  N  P  A  U  H  P  H  V  O  L
S  A  N  P  H  P  X  O  B  K  O  X  L  A  T
Í  U  A  F  O  E  O  S  T  O  L  E  T  Í  M
C  O  B  B  D  U  R  L  E  F  D  I  U  G  I
B  M  Y  B  I  O  M  Y  E  N  H  Y  T  R  P
L  M  K  N  N  E  D  I  G  D  W  B  J  V  A
H  I  A  L  Y  Z  R  B  N  M  N  X  R  U  J
Y  D  F  T  Ý  D  E  N  D  U  Z  E  F  R  D
V  L  Y  Z  M  E  O  M  I  V  T  C  G  I  I
K  W  Y  B  R  Y  J  O  R  E  U  A  M  G  Y
```

ROK	POLEDNE
ROČNÍ	MINUTA
KALENDÁŘ	NOC
DESETILETÍ	DNES
PO	HODINA
BUDOUCNOST	HODINY
DEN	BRZY
VČERA	PŘED
RÁNO	STOLETÍ
MĚSÍC	TÝDEN

11 - Astronomia

```
O  G  G  A  P  D  G  A  L  A  X  I  E  R  S
B  R  N  T  V  I  P  J  T  C  H  R  V  O  O
S  A  J  E  U  O  O  P  Z  F  Z  S  Z  V  U
E  V  O  K  B  R  O  E  T  E  M  D  Á  N  H
R  I  X  A  Y  E  C  B  C  A  T  Y  Ř  O  V
V  T  D  R  I  T  L  Z  Í  Y  K  I  E  D  Ě
A  A  M  A  Z  S  K  O  S  M  O  S  N  E  Z
T  C  H  T  L  A  J  S  Ě  J  H  Y  Í  N  D
O  E  D  E  H  E  Y  V  M  H  D  M  H  N  Í
Ř  S  Z  N  G  Z  K  V  E  S  M  Í  R  O  O
L  M  D  A  N  I  V  O  H  L  M  Z  Y  S  P
D  C  R  L  V  D  Y  U  H  H  K  E  B  T  K
K  M  B  P  Z  V  E  F  W  L  R  M  O  O  O
A  S  T  R  O  N  O  M  L  A  E  Ě  W  D  O
U  D  S  U  P  E  R  N  O  V  A  D  R  X  M
```

ASTEROID
ASTRONOM
NEBE
KOSMOS
SOUHVĚZDÍ
ROVNODENNOST
GALAXIE
GRAVITACE
MĚSÍC
METEOR

MLHOVINA
OBSERVATOŘ
PLANETA
ZÁŘENÍ
RAKETA
SUPERNOVA
DALEKOHLED
ZEMĚ
VESMÍR

12 - Algebra

```
Ý  L  Z  J  G  N  F  Y  J  K  G  Z  R  V  G
N  O  X  R  U  E  G  D  V  M  P  U  O  Z  R
Č  Í  S  L  O  C  G  P  J  A  T  V  V  O  A
E  N  J  J  L  I  N  E  Á  R  N  Í  N  R  F
N  E  I  C  F  T  J  J  A  G  E  N  I  E  P
O  Š  F  S  I  A  J  N  P  A  N  Á  C  C  R
K  E  N  A  C  M  T  P  V  I  O  T  E  D  O
E  Ř  X  D  K  Z  P  R  D  D  P  Í  N  E  M
N  N  U  L  A  T  L  R  X  G  X  Č  W  W  Ě
H  U  V  F  H  A  O  O  O  Y  E  D  D  K  N
Z  Á  V  O  R  K  A  R  M  B  F  O  M  K  N
D  I  V  I  Z  E  Ý  N  Š  E  L  A  F  H  Á
G  U  Y  N  C  O  H  V  S  H  K  É  Y  G  R
Z  J  E  D  N  O  D  U  Š  I  T  N  M  T  U
P  W  W  J  K  J  N  B  L  H  N  X  N  M  P
```

DIAGRAM	LINEÁRNÍ
DIVIZE	MATICE
ROVNICE	ČÍSLO
EXPONENT	ZÁVORKA
FALEŠNÝ	PROBLÉM
FAKTOR	ZJEDNODUŠIT
VZOREC	ŘEŠENÍ
ZLOMEK	ODČÍTÁNÍ
GRAF	PROMĚNNÁ
NEKONEČNÝ	NULA

13 - Mitologia

```
B H B A T S M O P K S L E M N
M O R H S C T S Ř G V A Z U E
G Y Ž D N O T T Í X Y B B P S
W F W S I A I Z Š W C Y C Y M
M X L R T N I P E H U R O T R
Y C I Í R V A H R T F I D E T
I W Y N B A A P A U W N T H E
Y M E E M A G I C K Ý T P C L
J T F Ř O B O J O V N Í K R N
X T S O V I L R Á Ž S Í L A O
Í N Á V O H C Ý N L E T R M S
K U L T U R A D N E G E L U T
M R R Y T Z O S T V O Ř E N Í
U N K V S C B L E S K M G T R
Y W W F K A T A S T R O F A E
```

ARCHETYP	ŽÁRLIVOST
CHOVÁNÍ	BOJOVNÍK
STVOŘENÍ	NESMRTELNOST
VYTVOŘENÍ	LABYRINT
KULTURA	LEGENDA
KATASTROFA	MAGICKÝ
BOŽSTVA	SMRTELNÝ
HRDINA	PŘÍŠERA
SÍLA	HROM
BLESK	POMSTA

14 - Piante

```
Y  I  N  H  Y  A  O  T  V  E  F  I  W  I  G
O  H  W  A  K  I  N  A  T  O  B  P  J  A  P
K  O  P  A  D  A  R  H  A  Z  H  T  N  W  F
A  V  I  A  I  L  K  Y  E  U  N  R  P  K  L
J  S  Ě  L  C  I  K  T  S  M  O  R  T  S  Ó
K  X  Y  T  D  S  G  O  U  M  J  B  S  G  R
M  Y  W  M  I  T  E  K  B  S  I  P  Ů  U  A
F  T  Y  V  A  N  C  E  M  A  V  Á  R  T  P
A  W  I  T  P  F  A  Ř  A  E  O  D  Y  M  G
Z  C  J  M  X  E  T  B  B  N  D  O  C  H  U
O  L  V  G  W  M  E  O  L  I  L  W  E  M  S
L  M  T  X  G  M  G  B  L  M  E  C  H  G  B
E  B  Z  N  A  D  E  U  U  E  C  N  U  L  S
Z  O  T  R  N  M  V  L  H  N  S  C  S  W  M
B  Ř  E  Č  Ť  A  N  E  Ř  O  K  O  B  Z  B
```

STROM	HNOJIVO
BOBULE	KVĚTINA
BAMBUS	FLÓRA
BOTANIKA	LIST
KAKTUS	LES
KEŘ	ZAHRADA
RŮST	MECH
BŘEČŤAN	KOŘEN
TRÁVA	SLUNCE
FAZOLE	VEGETACE

15 - Spezie

```
R P S L D M Ý K R O H J P F S
V A N I L K A T A U P I E E E
V L E Y G M B K S R K D P N R
U R P D S Z G T C Y D V Ř Y S
A Z Á Z V O R G Y U P A U K C
K A C I B U L E G W C D M L K
I M L P Ř Í C H U Ť G P K O O
R E Í Z L X M D K W J C U D N
P C B N T Š R A Z Y P D R D M
A I S Ů L S A A N Ý Z O K P X
P Ř K G S E Z F E M B R U L R
K O R I A N D R R A H K M X D
U K E N S E Č B X Á D A A A X
X É S K O Ř I C E R N R X G V
D L S L A D K Ý D I A I F N E
```

ČESNEK	SLADKÝ
HORKÝ	FENYKL
ANÝZ	PŘÍCHUŤ
SKOŘICE	LÉKOŘICE
KARDAMON	PAPRIKA
CIBULE	PEPŘ
KORIANDR	SŮL
KMÍN	VANILKA
KURKUMA	ŠAFRÁN
KARI	ZÁZVOR

16 - Numeri

```
M  Z  E  O  M  C  A  L  E  H  H  K  P  K  E
A  X  T  C  Á  N  R  T  Č  S  E  D  M  A  E
D  E  S  E  T  C  Á  N  M  S  O  X  J  N  Š
X  S  Z  Y  C  Č  T  Y  Ř  I  H  W  I  Y  E
D  E  M  Y  Á  A  L  D  Ý  Ř  N  U  L  A  S
P  D  U  E  N  C  V  G  N  T  I  T  Ě  P  T
Z  M  E  N  E  V  A  D  N  A  K  Ř  D  H  S
D  N  T  V  T  O  N  U  I  T  G  I  U  C  D
V  Á  Y  C  A  G  X  L  T  C  Á  N  T  A  P
A  C  R  T  V  C  Y  D  E  Á  S  Á  C  U  N
V  T  D  T  E  E  B  W  S  N  D  C  Á  H  C
B  M  L  E  D  T  B  K  E  T  E  T  N  T  X
S  A  O  Z  V  U  M  Y  D  S  G  M  A  F  U
F  L  S  S  W  Ě  V  H  Z  E  A  M  V  V  I
G  A  G  E  M  X  T  P  N  Š  J  G  D  O  F
```

PĚT	ČTRNÁCT
DESETINNÝ	ČTYŘI
DEVATENÁCT	PATNÁCT
SEDMNÁCT	ŠESTNÁCT
OSMNÁCT	ŠEST
DESET	SEDM
DVANÁCT	TŘI
DVA	TŘINÁCT
DEVĚT	DVACET
OSM	NULA

17 - Cioccolato

```
O B L Í B E N Ý C M P U B A X
H O R K Ý S B K K C A N O G H
A E N K W E H C A D K Ě N Ů V
V R X L U W F M A R M E B I R
X H R U V C O Z X K A X Ó O E
K A Y Y A R A Š Í D Y M N F C
A N T I O X I D A N T D E K E
E F O F E O J E Ý I O T S L P
X S A T I L A V K D U C U I T
O Z K K R Z O A D A S Í Ř P U
T Y A J O F X B A C H U Ť H T
I J K O L K F F L P R Á Š E K
C R A L A X O O S O J I S P R
K K F M K V P S L A H O D N É
Ý R Y Ř E M E S L N É F O G E
```

HORKÝ	SLADKÝ
ANTIOXIDANT	EXOTICKÝ
ARAŠÍDY	CHUŤ
VŮNĚ	PŘÍSADA
ŘEMESLNÉ	KOKOS
KAKAO	PRÁŠEK
KALORIE	OBLÍBENÝ
BONBÓN	KVALITA
KARAMEL	RECEPT
LAHODNÉ	CUKR

18 - Guida

```
J A H A T J L E N U T M X Z B
P Ě Š Í W T I R N Ž Á R A G N
B J Z L K Y C O T O M B L P E
E E T C O C E I A D O H E N A
Z P U M T W N B A U J P N E G
P L U S B I C K H B T C Z I L
E Y O S D O E R Z O V O R P P
Č N N X M O M Z A U T O B U S
N I F P Y G P Z W X M T P W I
O X F V G T V R O T O M O S F
S U G W P F B H A E Z S L N T
T W V P A L I V O V H Y I O C
N E B E Z P E Č Í E A X C H Y
S I L N I C E B R Z D Y I R A
R Y C H L O S T L V C S E M S
```

AUTO	MOTOR
AUTOBUS	PĚŠÍ
PALIVO	NEBEZPEČÍ
BRZDY	POLICIE
GARÁŽ	BEZPEČNOST
PLYN	SILNICE
NEHODA	PROVOZ
LICENCE	DOPRAVA
MAPA	TUNEL
MOTOCYKL	RYCHLOST

19 - I Media

```
P  T  B  O  K  V  T  I  U  S  C  N  J  C  A
O  E  N  C  H  E  E  E  T  C  M  Á  X  N  S
S  L  R  Y  L  Ř  X  M  D  B  S  Z  T  D  P
T  E  Ť  Í  S  E  F  Y  N  I  V  O  N  M  H
O  V  D  Y  Y  J  F  A  Y  W  C  R  N  D  U
J  I  W  Y  M  N  O  E  K  L  C  E  R  V  V
E  Z  O  T  Ů  Ý  T  I  E  T  H  M  D  Z  D
C  E  H  V  R  V  K  D  T  J  A  Í  L  D  I
P  N  U  C  P  Á  Y  M  N  B  W  S  K  Ě  G
M  Z  C  E  N  I  D  E  J  J  L  T  X  L  I
O  N  L  I  N  E  J  I  M  X  A  N  C  Á  T
K  O  M  E  R  Č  N  Í  O  T  P  Í  O  V  Á
I  N  T  E  L  E  K  T  U  Á  L  N  Í  Á  L
K  O  M  U  N  I  K  A  C  E  W  C  B  N  N
F  I  N  A  N  C  O  V  Á  N  Í  C  I  Í  Í
```

POSTOJE
KOMERČNÍ
KOMUNIKACE
DIGITÁLNÍ
EDICE
VZDĚLÁVÁNÍ
FAKTA
FINANCOVÁNÍ
FOTKY
NOVINY

JEDINEC
PRŮMYSL
INTELEKTUÁLNÍ
MÍSTNÍ
ONLINE
NÁZOR
VEŘEJNÝ
RÁDIO
SÍŤ
TELEVIZE

20 - Forza e Gravità

```
I  U  L  W  X  I  R  Y  C  H  L  O  S  T  X
M  A  G  N  E  T  I  S  M  U  S  V  P  E  T
F  T  E  H  G  S  H  M  O  T  N  O  S  T  Ř
Y  L  V  S  K  O  H  I  R  W  Z  U  I  D  E
Z  A  É  I  J  N  Y  T  E  N  A  L  P  Y  N
I  K  J  L  K  T  R  S  L  F  P  M  T  N  Í
K  D  B  E  J  S  K  O  R  H  O  F  N  A  X
A  Č  O  Z  R  A  W  N  X  S  H  R  N  M  L
N  A  F  P  Z  L  A  E  C  C  Y  U  R  I  W
P  S  A  X  A  V  A  L  X  E  B  X  L  C  R
O  S  A  M  K  D  I  Á  W  P  N  J  J  K  A
R  U  U  S  M  M  U  D  V  Z  A  T  R  Ý  T
C  A  Y  E  E  C  S  Z  N  T  T  N  R  H  X
Í  N  L  Á  Z  R  E  V  I  N  U  O  Z  U  A
O  B  Í  H  A  T  A  K  I  N  A  H  C  E  M
```

OSA	POHYB
TŘENÍ	OBÍHAT
CENTRUM	HMOTNOST
DYNAMICKÝ	PLANETY
VZDÁLENOST	TLAK
EXPANZE	VLASTNOSTI
FYZIKA	OBJEV
DOPAD	ČAS
MAGNETISMUS	UNIVERZÁLNÍ
MECHANIKA	RYCHLOST

21 - Caffè

```
N K W K I X E P W M É R K V Y
Ť U H C Í Ř P O H Á R Á A O C
T N N A P N G O W N T N P D I
I F X Á X Í P D E R L O A A K
C E H W P Y T R Y E I K L N Y
T V S M X O A Ů C Č F É I E Y
Z O N K W R J D W Z Z L N C E
F M J Y D K R A U D W M A Y Z
Y P N H A W O P Ů V O D A E Y
T F X O Y C V F B Y E M H Y L
W U Z R K U C O E D L S A L E
K X G K I A W K T I S U O R B
W R D Ý L E S Y K Ě N Ů V I Y
O X H P R T G C S P A E Y C Z
Z M L U C B H F B H A Y Y V M
```

KYSELÝ	MLÉKO
VODA	KAPALINA
HORKÝ	BROUSIT
VŮNĚ	RÁNO
PÍT	ČERNÁ
NÁPOJ	PŮVOD
KOFEIN	CENA
KRÉM	POHÁR
FILTR	ODRŮDA
PŘÍCHUŤ	CUKR

22 - Uccelli

```
K  Ř  E  P  L  N  Á  K  I  L  E  P  L  Z
H  E  M  T  B  E  C  I  B  U  L  O  H  A  K
T  O  U  L  F  R  J  N  J  A  K  Y  E  B  M
M  U  K  V  U  O  A  L  F  I  Č  A  Z  U  T
U  G  Č  T  A  K  P  U  X  X  Á  L  Č  Ť  Z
J  R  B  Ň  G  N  U  W  C  K  P  P  R  K  V
V  S  A  J  Á  A  H  O  L  U  B  Á  A  Y  A
O  B  T  C  X  K  H  C  D  O  W  V  C  F  K
X  Y  K  E  Š  U  O  P  A  P  F  N  E  J  V
L  B  G  B  T  T  K  C  S  K  G  S  K  O  A
A  K  W  A  V  E  J  C  E  G  X  L  H  U  L
K  C  D  R  Z  H  W  M  U  O  J  L  H  P  O
G  Y  Z  V  C  C  O  O  X  P  I  L  V  U  V
P  L  A  M  E  Ň  Á  K  X  B  H  U  S  A  D
S  K  R  P  U  G  G  P  Š  T  R  O  S  T  U
```

VOLAVKA	PAPOUŠEK
KACHNA	VRABEC
OREL	PÁV
ČÁP	PELIKÁN
LABUŤ	HOLUB
HOLUBICE	TUČŇÁK
KUKAČKA	KUŘE
PLAMEŇÁK	PŠTROS
RACEK	TUKAN
HUSA	VEJCE

23 - Giorni e Mesi

```
O  T  Ý  D  E  N  E  P  R  S  Ú  I  P  D  U
J  P  C  A  T  O  B  O  S  O  Z  T  M  E  P
Y  R  Z  P  L  W  F  K  W  S  Á  E  E  K  P
J  O  J  O  N  E  V  R  E  Č  Ř  K  S  R  J
F  S  V  T  M  L  H  K  H  K  Í  K  A  U  Ý
G  I  L  S  O  Ě  U  V  A  D  E  Ř  T  S  I
L  N  O  I  H  D  S  D  Í  L  Ě  D  N  O  P
E  E  N  L  N  E  T  Í  C  R  E  O  F  D  Z
D  C  W  Z  N  N  A  P  C  O  L  N  Z  P  A
E  H  V  B  C  E  L  Z  Z  K  T  N  D  D  E
N  M  K  Č  E  R  V  E  N  E  C  D  H  Á  T
Ř  Í  J  E  N  O  R  Z  E  T  N  M  C  P  Ř
X  X  K  O  B  N  U  C  B  Á  A  H  S  V  S
I  K  V  V  G  Ú  N  G  U  P  M  L  W  L  D
B  H  N  E  T  A  X  U  D  I  G  Z  B  I  V
```

SRPEN	PONDĚLÍ
ROK	ÚTERÝ
DUBEN	STŘEDA
KALENDÁŘ	MĚSÍC
PROSINEC	LISTOPAD
NEDĚLE	ŘÍJEN
ÚNOR	SOBOTA
LEDEN	ZÁŘÍ
ČERVEN	TÝDEN
ČERVENEC	PÁTEK

24 - Casa

```
N T W N O N P D R N M W K S H
Z C U H W M S O V E M U O D K
B A B W J V C I D E D U Š M O
Z P S P R C H A T L Ř I T T B
P O D K R O V Í M O A E Ě S E
R R Ě A D N Y I H B A H B T R
H T N N T K J K J N W B A Ě E
N S Y V O O N Z N B E Z G N C
K O H O U T E K G A R Á Ž A K
D F C H S G O H L D F A I J R
L V U I Y W O L D A C R Z R B
B N K N I T D T P R P O K O J
F R P K K D J D C H X U C F P
S T Ř E C H A F D A P M A L Y
D A B F A Z C S R Z U N W K W
```

PODKROVÍ	STĚNA
KNIHOVNA	PODLAHA
POKOJ	DVEŘE
KRB	PLOT
KUCHYNĚ	KOHOUTEK
SPRCHA	KOŠTĚ
OKNO	STROP
GARÁŽ	ZRCADLO
ZAHRADA	KOBEREC
LAMPA	STŘECHA

25 - Ristorante #1

```
X  B  R  E  O  I  P  Z  B  P  V  A  K  J  X
B  W  Z  P  O  K  L  A  D  N  Í  L  S  J  K
Y  J  X  M  X  M  P  L  S  F  V  E  P  Z  R
W  Z  V  V  Z  Z  H  A  H  Í  E  R  I  K  Z
Č  K  E  S  U  O  R  B  U  V  M  G  V  M  P
O  Í  U  N  E  M  T  M  O  M  J  I  T  Z  I
M  P  Š  Ř  M  A  S  O  T  J  U  E  U  R  W
Á  S  H  N  E  C  N  E  I  D  E  R  G  N  I
Č  J  M  S  I  J  A  U  V  A  F  B  J  V  J
K  Ě  N  Y  H  C  U  K  E  T  J  Í  S  T  Í
A  E  C  A  V  R  E  Z  E  R  I  T  K  M  D
P  I  K  A  N  T  N  Í  N  Ů  Ž  A  Á  B  L
K  A  O  D  E  Z  E  R  T  I  V  L  V  Y  O
C  H  L  É  B  L  A  N  B  J  E  Í  A  F  U
I  Y  A  O  X  U  L  T  L  V  E  Ř  F  S  G
```

ALERGIE	INGREDIENCE
KÁVA	JÍST
ČÍŠNICE	MENU
MASO	CHLÉB
POKLADNÍ	TALÍŘ
JÍDLO	PIKANTNÍ
MÍSA	KUŘE
NŮŽ	REZERVACE
KUCHYNĚ	OMÁČKA
DEZERT	UBROUSEK

26 - Fantascienza

```
Ý  K  C  I  T  S  I  L  A  E  R  I  T  A  G
P  C  Y  F  E  V  Ě  Š  T  E  C  M  G  M  A
P  N  U  O  C  I  I  Z  K  J  V  A  Y  R  L
P  I  D  R  H  L  P  N  H  G  D  G  R  X  A
E  S  U  G  N  L  I  O  K  L  V  I  U  D  X
V  S  P  D  O  N  I  K  T  N  R  N  R  G  I
L  V  Y  I  L  O  S  K  X  U  N  Á  B  J  E
V  F  A  L  O  I  V  Í  N  M  É  R  T  X  E
K  G  O  U  G  V  Ě  P  C  P  V  N  P  V  I
X  N  U  Z  I  Z  T  R  H  C  W  Í  L  Ý  P
P  I  I  E  E  A  T  O  M  O  V  Ý  A  B  O
D  Ň  E  H  O  T  A  J  E  M  N  Ý  N  U  T
W  M  S  G  Y  T  O  B  O  R  F  D  E  C  S
F  U  T  U  R  I  S  T  I  C  K  Ý  T  H  Y
F  A  N  T  A  S  T  I  C  K  Ý  B  A  I  D
```

ATOMOVÝ	IMAGINÁRNÍ
KINO	KNIHY
DYSTOPIE	TAJEMNÝ
VÝBUCH	SVĚT
EXTRÉMNÍ	VĚŠTEC
FANTASTICKÝ	PLANETA
OHEŇ	REALISTICKÝ
FUTURISTICKÝ	ROBOTY
GALAXIE	TECHNOLOGIE
ILUZE	UTOPIE

27 - Città

```
T  H  R  G  E  K  U  I  A  W  N  X  P  S  S
K  Š  O  W  Ř  Á  N  I  T  Ě  V  K  D  Y  U
F  G  K  T  R  T  I  R  X  B  A  N  K  A  P
E  A  B  O  E  N  V  T  R  H  S  X  B  K  E
O  L  G  O  L  L  E  D  I  V  A  D  L  O  R
B  E  J  Z  P  A  R  S  K  K  N  P  B  L  M
C  R  V  P  I  N  Z  T  V  M  A  F  A  S  A
H  I  F  S  L  R  I  A  K  I  N  I  L  K  R
O  E  B  D  E  Á  T  D  B  N  V  L  I  G  K
D  J  S  U  I  K  A  I  L  X  O  T  C  B  E
Ě  T  Š  I  T  E  L  Ó  M  R  H  Z  Z  T  T
T  D  T  W  M  P  H  N  P  Y  I  X  Y  S  T
L  É  K  Á  R  N  A  S  I  B  N  Z  H  Y  M
R  J  A  R  M  U  Z  E  U  M  K  I  N  O  V
K  N  I  H  K  U  P  E  C  T  V  Í  B  E  V
```

LETIŠTĚ	TRH
BANKA	MUZEUM
KNIHOVNA	OBCHOD
KINO	PEKÁRNA
KLINIKA	ŠKOLA
LÉKÁRNA	STADIÓN
KVĚTINÁŘ	SUPERMARKET
GALERIE	DIVADLO
HOTEL	UNIVERZITA
KNIHKUPECTVÍ	ZOO

28 - Fattoria #1

```
G  D  H  P  E  R  S  Y  I  L  Ň  Ů  K  S  R
F  I  A  Z  G  L  J  T  M  E  H  G  R  E  P
E  H  N  O  J  I  V  O  Á  A  D  E  Á  M  R
P  E  S  S  N  I  G  N  M  D  E  M  V  E  A
Z  L  C  E  R  W  H  J  R  L  O  Z  A  N  S
H  O  O  N  V  Ý  L  P  N  Y  U  E  L  A  E
W  P  H  O  O  K  Ž  L  L  D  G  M  E  Z  Ř
K  X  G  S  D  R  L  E  S  O  N  Ě  Č  O  U
O  G  H  D  A  F  K  L  G  M  T  D  V  K  K
Č  D  D  M  D  O  V  E  O  G  R  Ě  W  V  F
K  Z  M  M  R  A  K  T  V  F  R  L  A  S  N
A  E  I  Y  J  V  Z  B  B  L  M  S  H  J  C
M  P  F  I  G  R  W  Z  C  D  I  T  Y  E  Z
J  G  W  G  D  P  G  L  E  B  C  V  Z  Z  N
C  R  R  Y  R  G  U  U  M  D  C  Í  Y  S  Z
```

VODA
ZEMĚDĚLSTVÍ
VČELA
OSEL
POLE
PES
KOZA
KŮŇ
HNOJIVO
SENO

KOČKA
STÁDO
PRASE
MED
KRÁVA
KUŘE
PLOT
RÝŽE
SEMENA
TELE

29 - Psicologia

```
P Z K U Š E N O S T I D C T K
O G E M Y Š L E N K Y T K H O
D N T L E V T E R A P I E G N
V E Y O U E X J I N C E V F
Ě V W N B K M M F C Z O Y V L
D Ě R Í N E Z U O S O P L A I
O D M Y D A P Á N C C L D P K
M O Í N Á V O H C E E N Ě R T
Ý M D E S O Z P D F K T T E S
S Ý Z S B R N S R X V N S A O
F K J U Y U Á H A O S T T L N
P Í N Á V O N E M J B K V I B
E S L F A L Í W C A F L Í T O
I E U K L I N I C K Ý K É A S
V N Í M Á N Í W I C W A K M O
```

JMENOVÁNÍ
KLINICKÝ
POZNÁNÍ
CHOVÁNÍ
KONFLIKT
EGO
EMOCE
ZKUŠENOSTI
NÁPADY
NEVĚDOMÝ

DĚTSTVÍ
MYŠLENKY
VNÍMÁNÍ
OSOBNOST
PROBLÉM
REALITA
POCIT
PODVĚDOMÝ
TERAPIE
POSOUZENÍ

30 - Paesaggi

```
P O U Š Ť O J T X B L K T B T
M Y A B L S Y E Ř O M T U G C
V M B A Ž I N A S K H L N G M
O U E K Á W U O F K X O D V Y
R C S E L G D G Á Y Y A R O H
T Y E Ř P I O E K Z L N A J P
S F T Á R N E J P U A T Ě L O
O X E E N Z J Z Ú D O L Í Y L
L G V N C I Z Í J E Z E R O O
U T W C U X G R W C L U S E O
V O D O P Á D D N R G C O X S
V U S N X O K O P E C U P K T
W T M V H L E D O V E C K W R
H E O O N Z C J M L R D A S O
L K V K W B S O N E N I B U V
```

VODOPÁD	MOŘE
KOPEC	HORA
POUŠŤ	OÁZA
DUNY	OCEÁN
ŘEKA	BAŽINA
GEJZÍR	POLOOSTROV
LEDOVEC	PLÁŽ
JESKYNĚ	TUNDRA
OSTROV	ÚDOLÍ
JEZERO	SOPKA

31 - Energia

```
O  L  L  A  U  Z  W  M  N  A  F  T  A  E  E
V  F  D  W  H  N  W  O  O  N  B  N  R  L  L
I  O  V  M  L  E  H  T  T  Í  E  A  T  E  E
L  L  D  D  Í  Č  J  O  O  B  N  S  R  K  K
A  P  Y  Í  K  I  E  R  F  R  Z  L  V  T  T
P  E  S  F  K  Š  B  N  Z  U  Í  U  C  R  R
Z  T  K  E  Y  T  N  A  T  T  N  N  T  O  I
M  O  V  G  Y  Ě  H  W  T  R  R  C  O  N  C
P  J  A  W  B  N  Y  C  P  E  O  E  R  Ý  K
T  S  N  S  K  Í  P  Á  R  A  R  P  Z  N  Ý
O  B  N  O  V  I  T  E  L  N  Ý  I  I  R  G
P  R  Ů  M  Y  S  L  B  U  L  M  J  E  E  C
N  Y  M  V  G  T  U  S  R  D  R  K  M  D  N
S  F  T  X  I  U  U  L  X  V  Í  T  R  A  Z
U  M  S  W  W  F  L  I  C  U  S  R  Z  J  S
```

BATERIE	VODÍK
BENZÍN	PRŮMYSL
TEPLO	ZNEČIŠTĚNÍ
UHLÍK	MOTOR
PALIVO	JADERNÝ
NAFTA	OBNOVITELNÝ
ELEKTRICKÝ	SLUNCE
ELEKTRON	TURBÍNA
ENTROPIE	PÁRA
FOTON	VÍTR

32 - Ristorante #2

```
N  S  C  K  P  F  O  T  W  T  L  N  Z  V  N
Á  W  Z  K  D  Ž  W  T  L  T  L  L  M  H  Y
P  B  P  U  A  N  I  N  E  L  E  Z  U  Z  M
O  R  N  Y  M  M  A  D  O  V  S  A  L  Á  T
J  V  Y  Z  R  R  Z  E  L  Ů  S  L  K  K  W
M  I  I  B  K  K  J  L  U  E  C  J  E  V  U
B  D  X  T  A  D  O  R  T  U  R  Y  O  É  K
Y  L  K  E  D  E  Ě  S  H  L  O  D  Z  N  S
U  I  J  D  A  Ř  H  B  K  Ž  S  A  S  D  I
E  Č  O  V  G  P  U  G  O  Í  N  E  Ř  O  K
H  K  Í  N  Š  Í  Č  J  H  C  X  G  J  H  E
V  A  V  E  Č  E  Ř  E  T  E  O  S  D  A  B
N  O  V  O  C  E  B  C  R  B  A  W  A  L  B
P  K  P  N  I  V  G  E  P  O  L  É  V  K  A
G  N  X  B  W  C  T  U  B  W  Y  C  F  P  B
```

VODA	SALÁT
PŘEDKRM	POLÉVKA
NÁPOJ	RYBA
ČÍŠNÍK	OBĚD
VEČEŘE	SŮL
LŽÍCE	ŽIDLE
LAHODNÉ	KOŘENÍ
VIDLIČKA	DORT
OVOCE	VEJCE
LED	ZELENINA

33 - Moda

```
Ý P H S S M M S S W V Z O R S
K E J T F K O Ě I O W K T J O
C W F Y E I R S Ř N F F E E F
I C X L W T F O M E G T X D I
T U E D W U F F M G N B T N S
K L Z J O B Z U U N X Í U O T
A E A B P V T V U M Ý F R D I
R L K Č V Ý Š I V K A Í A U K
P E J T Í O B L E Č E N Í C O
S G A K N T M Ý D Z P D Y H V
E A R I R I K H K Z Y O V Ý A
S N K K E E N A V R T V H T N
T T B O D N E R T H Z Ů V H Ý
P N L O O H L D G B T P F R M
I Í Y H M Z T K A N I N A M A
```

OBLEČENÍ
BUTIK
DRAHÝ
ELEGANTNÍ
MĚŘENÍ
VZOR
MODERNÍ
SKROMNÝ
PŮVODNÍ
KRAJKA

PRAKTICKÝ
TLAČÍTKA
VÝŠIVKA
JEDNODUCHÝ
SOFISTIKOVANÝ
STYL
TREND
TKANINA
TEXTURA

34 - L'Azienda

```
P  G  C  P  Z  L  Y  Ý  V  I  Ř  O  V  T  R
G  R  X  N  R  A  T  I  L  A  V  K  M  R  O
L  R  Ů  E  H  E  M  E  B  X  T  A  Y  E  Z
O  I  K  M  E  F  Z  Ě  M  U  Z  Z  S  N  H
B  Z  W  L  Y  C  B  E  S  O  N  Ý  V  D  O
Á  I  T  H  K  S  F  I  N  T  P  D  L  Y  D
L  K  S  C  E  F  L  Y  P  T  N  B  B  J  N
N  A  I  U  B  A  C  Y  Z  I  A  Á  Y  K  U
Í  L  C  I  P  R  O  D  U  K  T  C  N  T  T
M  O  Ž  N  O  S  T  Z  L  K  S  R  E  Í  Í
U  I  Y  B  O  S  H  M  N  L  Ě  T  L  A  W
Z  L  T  T  E  C  I  T  S  E  V  N  I  B  G
Í  N  L  Á  N  O  I  S  E  F  O  R  P  D  F
Y  Y  W  X  P  K  O  R  K  O  P  T  J  V  O
I  N  O  V  A  Č  N  Í  Z  D  R  O  J  E  O
```

TVOŘIVÝ
ROZHODNUTÍ
GLOBÁLNÍ
PRŮMYSL
INOVAČNÍ
INVESTICE
ZAMĚSTNÁNÍ
MOŽNOST
PREZENTACE
PRODUKT

PROFESIONÁLNÍ
POKROK
KVALITA
VÝNOS
POVĚST
RIZIKA
ZDROJE
MZDY
TRENDY

35 - Giardino

```
T  Y  T  H  R  B  Y  N  T  L  O  P  A  T  A
R  E  R  O  Y  Y  M  U  R  H  V  G  J  P  D
Á  M  A  U  V  B  B  O  B  W  V  U  K  O  R
V  P  M  P  J  H  K  N  Z  A  H  R  A  D  A
N  J  P  A  K  H  H  E  Í  N  A  C  V  Z  S
Í  A  O  C  V  S  N  F  I  K  U  G  Á  P  M
K  S  L  Í  Ě  F  F  Z  D  P  O  Y  R  R  J
P  U  Í  S  T  J  M  S  I  Ů  O  K  T  G  L
S  E  N  Í  I  B  X  D  Z  D  S  E  V  O  I
L  T  A  T  N  T  Y  M  B  A  P  Ř  L  I  L
A  O  R  A  A  E  N  Ž  D  H  A  D  I  C  E
V  L  V  O  I  R  H  R  Á  B  Ě  X  O  S  V
I  P  B  N  M  A  X  V  M  R  X  B  U  A  E
C  A  M  Í  Y  S  P  M  B  H  A  O  D  D  L
E  E  R  V  C  A  R  V  A  V  E  G  W  M  P
```

STROM	LAVICE
HOUPACÍ SÍT	TRÁVNÍK
KEŘ	HRÁBĚ
TRÁVA	PLOT
PLEVEL	RYBNÍK
KVĚTINA	PŮDA
SAD	TERASA
GARÁŽ	TRAMPOLÍNA
ZAHRADA	HADICE
LOPATA	VÍNO

36 - Riscaldamento Globale

```
G  Ď  J  Y  L  S  Y  M  Ů  R  P  E  A  T  K
M  E  G  K  M  I  T  U  J  V  O  T  R  E  L
E  T  N  D  N  O  G  A  J  M  V  F  O  P  I
Z  F  B  E  Z  I  R  K  N  K  K  Y  Z  L  M
I  I  B  L  R  L  J  G  P  O  M  K  V  O  A
N  M  O  S  Z  A  M  C  O  A  V  J  O  T  V
Á  O  Z  Ů  F  H  C  N  Z  R  P  I  J  Y  L
R  P  X  D  L  G  X  E  O  K  P  M  Š  R  R
O  E  V  L  Á  D  A  R  R  T  L  X  H  T  U
D  B  N  V  Ě  D  E  C  N  I  Y  F  E  D  Ě
N  P  F  E  C  T  T  D  O  C  N  D  A  T  A
Í  H  T  P  R  W  K  J  S  K  V  W  X  H  D
T  J  Z  A  X  G  X  W  T  Ý  H  G  X  U  Y
U  V  P  T  W  Y  I  P  O  P  U  L  A  C  E
D  J  V  R  Y  M  N  E  Y  X  V  Y  E  R  W
```

ARKTICKÝ
POZORNOST
KLIMA
DŮSLEDKY
KRIZE
DATA
ENERGIE
PLYN
GENERACE

VLÁDA
STANOVIŠTĚ
PRŮMYSL
MEZINÁRODNÍ
TEĎ
POPULACE
VĚDEC
ROZVOJ
TEPLOTY

37 - Frutta

```
G G K K T H R O Z E N O M K O
Y L Y W U Ř U G B V Y S A I Z
J D Z I D L E F D F V T N W D
E C V O H A K Š U R H R G I A
Š V E S T K A G E S C U O M U
B J A B L K O B H Ň V Ž J K P
A O Z U B T P S E W N I B I N
G N B N X P A Ý V O Ž N A R O
V Á A U I J P P E M A A U S R
T N J N L D Á Z K E A K R K T
T A K W A E J X S L R Ň Y K I
T B Y H D S A O O O V U X K C
A V O K Á D O F R U A R T B W
M A L I N A Y L B N J E F U M
N E K T A R I N K A G M Y X G
```

MERUŇKA	MANGO
ANANAS	JABLKO
ORANŽOVÝ	MELOUN
AVOKÁDO	OSTRUŽINA
BOBULE	NEKTARINKA
BANÁN	PAPÁJA
TŘEŠEŇ	HRUŠKA
KIWI	BROSKEV
MALINA	ŠVESTKA
CITRON	HROZEN

38 - Fattoria #2

```
P R D G Y L L A M A J Í D L O
Z E R R T S A D D N M L É K O
V Y X B S B U G S H C D Ú Í X
Í W W J P G I H M C T N L N P
Ř E F M G Š J R W A E H W Á M
A P Z V L S E J V K A H G V B
T O N Z Í Č Ě N H E J Y P O O
A V B G Z E T K I I G G P Ž K
U O A Ř Ý T S A P C B B U A T
N C C L H P J K P R E P T L R
T E C I Ř U K U K D R B L V A
C C M M C S T O D O L A T A K
O V N Č W C E L Ě D Ě M E Z T
U O I E E C P H I U R A A M O
J J E X A J C P S R I A O D R
```

JEHNĚČÍ

ZEMĚDĚLEC

ÚL

KACHNA

ZVÍŘATA

JÍDLO

STODOLA

OVOCE

SAD

PŠENICE

ZAVLAŽOVÁNÍ

LAMA

MLÉKO

KUKUŘICE

HUSY

JEČMEN

PASTÝŘ

OVCE

LOUKA

TRAKTOR

39 - Verdure

```
D  K  T  D  T  P  W  H  D  S  L  J  U  W  I
R  O  B  M  A  R  B  R  Ý  G  N  C  Y  O  W
X  Č  E  S  N  E  K  G  N  H  B  H  O  J  S
M  Y  M  R  K  E  V  W  Ě  W  R  M  D  C  A
V  T  W  W  H  S  E  L  E  R  O  E  O  N  L
H  R  Á  Š  E  K  F  O  I  F  K  Y  L  J  Á
L  A  I  P  E  T  R  Ž  E  L  O  Z  Ř  E  T
E  I  T  U  Ř  Í  N  B  M  O  L  Á  E  Č  C
K  V  L  Š  P  E  N  Á  T  K  I  Z  D  J  F
R  T  U  E  L  D  Z  S  M  U  C  V  K  A  T
H  M  J  V  K  R  E  F  O  R  E  O  E  R  K
T  O  C  I  B  U  L  E  C  K  B  R  V  S  D
P  V  U  F  H  I  G  A  I  A  P  I  J  T  E
N  R  A  B  S  D  G  T  J  T  O  D  I  B  M
G  C  I  C  A  K  T  O  L  A  Š  C  S  Z  U
```

ČESNEK	HRÁŠEK
BROKOLICE	RAJČE
ARTYČOK	PETRŽEL
MRKEV	TUŘÍN
OKURKA	ŘEDKEV
CIBULE	ŠALOTKA
HOUBA	CELER
SALÁT	ŠPENÁT
LILEK	ZÁZVOR
BRAMBOR	DÝNĚ

40 - Musica

```
H  N  K  R  N  D  C  H  Y  U  H  G  R  P  S
A  A  L  R  Y  B  N  D  R  Z  T  P  K  G  Z
R  H  A  A  Y  T  A  N  Á  S  T  R  O  J  H
M  R  S  K  Y  T  M  L  R  W  P  L  V  U  A
O  Á  I  S  T  F  M  I  A  R  E  P  O  Í  R
N  V  C  W  A  G  F  U  C  D  P  B  T  N  M
I  K  K  Á  V  Ě  P  Z  S  K  A  M  K  B  O
C  A  Ý  T  Í  Z  A  A  L  J  Ý  E  Y  E  N
K  H  K  T  P  L  R  U  M  U  B  L  A  D  I
Ý  L  C  I  Z  Ý  K  C  I  T  E  O  P  U  E
O  A  I  Y  V  O  K  Í  N  B  E  D  U  H  F
O  S  R  M  I  K  R  O  F  O  N  I  V  T  H
M  O  Y  R  E  F  R  É  N  P  L  E  K  X  N
L  V  L  C  G  T  K  A  M  W  V  H  A  C  U
G  Ý  F  J  K  R  H  I  O  U  C  A  X  S  W
```

ALBUM	MIKROFON
HARMONIE	HUDEBNÍ
HARMONICKÝ	HUDEBNÍK
BALADA	OPERA
ZPĚVÁK	POETICKÝ
ZPÍVAT	NAHRÁVKA
KLASICKÝ	RYTMICKÝ
REFRÉN	RYTMUS
LYRICKÝ	NÁSTROJ
MELODIE	HLASOVÝ

41 - Barbecue

```
H  R  K  T  I  C  S  D  Z  J  P  Z  U  I  P
L  O  L  D  Í  J  I  A  N  I  E  Ž  O  N  O
G  I  R  O  B  Ě  D  B  L  I  P  U  S  B  Z
U  R  X  K  J  N  N  D  F  Á  Ř  D  O  P  V
L  X  I  F  Ý  Y  E  U  C  Y  T  V  R  V  Á
Z  G  A  L  E  U  X  H  B  D  V  Y  O  B  N
L  U  J  A  N  I  N  S  E  Z  D  B  D  W  Í
N  C  H  L  A  D  V  J  M  F  X  J  I  Y  W
R  A  J  Č  A  T  A  K  Č  Á  M  O  N  X  S
T  B  Y  Y  V  E  Č  E  Ř  E  V  F  A  U  Ů
H  Z  I  J  L  Z  F  L  L  S  G  K  N  S  L
S  T  F  H  Z  K  Y  U  T  N  G  H  R  Y  M
L  É  T  O  U  U  F  B  J  G  X  U  C  U  P
O  X  T  F  J  Ř  C  I  A  L  X  D  S  T  U
O  V  O  C  E  E  E  C  L  S  A  Z  X  G  B
```

HORKÝ	GRIL
VEČEŘE	SALÁTY
JÍDLO	POZVÁNÍ
CIBULE	HUDBA
NOŽE	PEPŘ
LÉTO	KUŘE
HLAD	RAJČATA
RODINA	OBĚD
OVOCE	SŮL
HRY	OMÁČKA

42 - Fisica

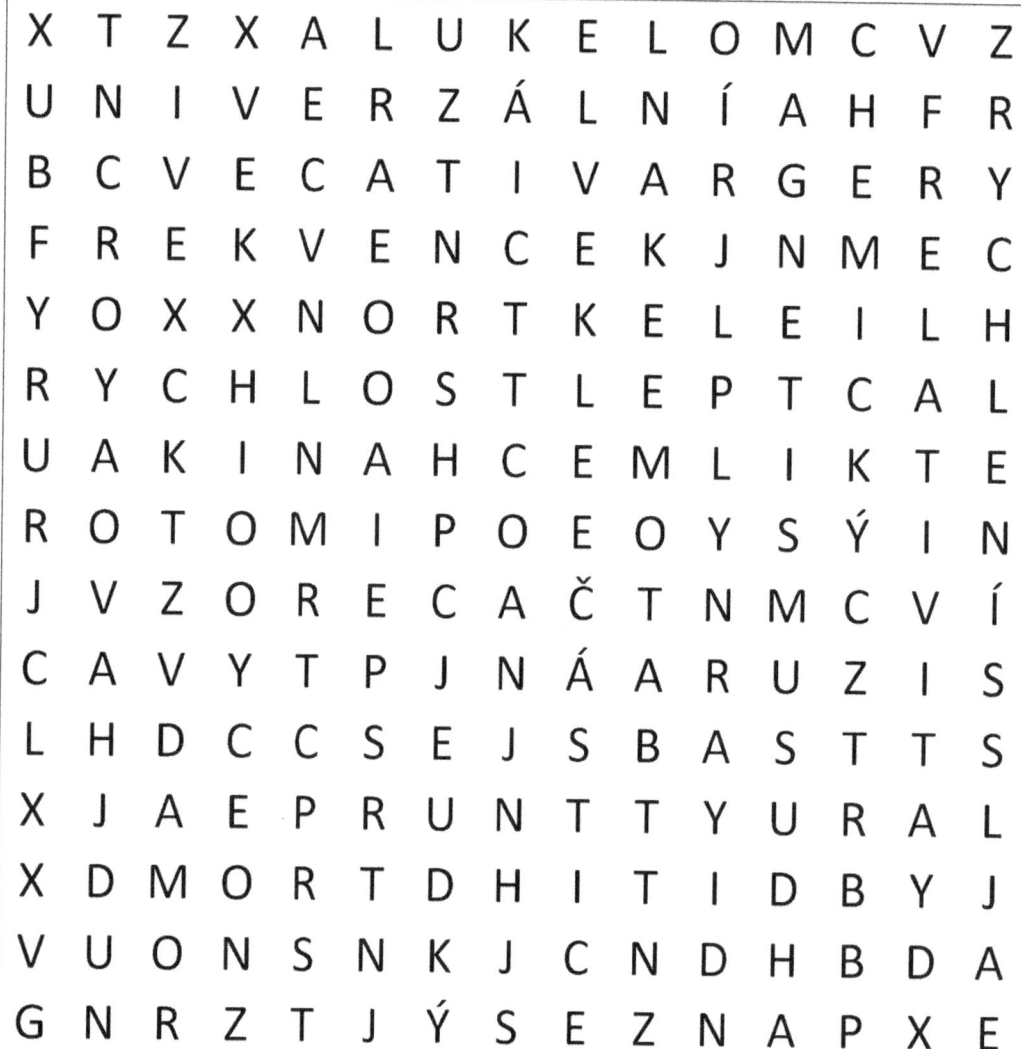

```
X  T  Z  X  A  L  U  K  E  L  O  M  C  V  Z
U  N  I  V  E  R  Z  Á  L  N  Í  A  H  F  R
B  C  V  E  C  A  T  I  V  A  R  G  E  R  Y
F  R  E  K  V  E  N  C  E  K  J  N  M  E  C
Y  O  X  X  N  O  R  T  K  E  L  E  I  L  H
R  Y  C  H  L  O  S  T  L  E  P  T  C  A  L
U  A  K  I  N  A  H  C  E  M  L  I  K  T  E
R  O  T  O  M  I  P  O  E  O  Y  S  Ý  I  N
J  V  Z  O  R  E  C  A  Č  T  N  M  C  V  Í
C  A  V  Y  T  P  J  N  Á  A  R  U  Z  I  S
L  H  D  C  C  S  E  J  S  B  A  S  T  T  S
X  J  A  E  P  R  U  N  T  T  Y  U  R  A  L
X  D  M  O  R  T  D  H  I  T  I  D  B  Y  J
V  U  O  N  S  N  K  J  C  N  D  H  B  D  A
G  N  R  Z  T  J  Ý  S  E  Z  N  A  P  X  E
```

ZRYCHLENÍ	GRAVITACE
ATOM	MAGNETISMUS
CHAOS	MECHANIKA
CHEMICKÝ	MOLEKULA
HUSTOTA	MOTOR
ELEKTRON	JADERNÝ
EXPANZE	ČÁSTICE
VZOREC	RELATIVITA
FREKVENCE	UNIVERZÁLNÍ
PLYN	RYCHLOST

43 - Agronomia

```
Z  N  E  Č  I  Š  T  Ě  N  Í  I  W  E  X  O
Í  E  E  Z  A  L  T  X  O  N  T  O  N  P  R
V  Ý  R  O  B  A  N  E  M  E  S  G  E  A  G
T  K  X  V  B  D  F  C  I  Ů  Z  R  N  A
S  S  S  I  R  O  K  A  U  G  R  C  G  V  N
L  V  O  J  D  V  Z  K  H  O  O  R  I  L  I
Ě  O  U  O  V  B  W  I  Y  D  L  L  E  M  C
D  K  J  N  Ě  G  P  F  B  E  D  D  O  U  K
Ě  N  E  H  D  U  G  I  S  P  Í  Z  W  K  Ý
M  E  G  R  A  I  Y  T  H  Y  J  D  C  Z  E
E  V  I  C  O  M  E  N  L  V  S  S  V  Ý  G
Z  P  Ů  D  A  Z  I  E  O  M  H  T  A  V  X
U  K  N  X  K  V  E  D  O  G  K  J  É  E  P
W  H  F  B  U  J  C  I  U  D  D  M  I  M  U
S  T  U  D  O  V  A  T  T  Y  W  Z  W  N  Y
```

VODA	NEMOCI
ZEMĚDĚLSTVÍ	ORGANICKÝ
JÍDLO	VÝROBA
RŮST	VÝZKUM
EKOLOGIE	VENKOVSKÝ
ENERGIE	VĚDA
EROZE	SEMENA
HNOJIVO	SYSTÉMY
IDENTIFIKACE	STUDOVAT
ZNEČIŠTĚNÍ	PŮDA

44 - Erboristeria

```
G S A I X T L P Š A F R Á N M
R O Z M A R Ý N E F W V V C A
U F E I N O G A R T S E B H J
K U L I N Á Ř S K É R P O K O
M Á T A C Y P E O K C Ž K B R
A R O M A T I C K Ý Y W E E Á
K V Ě T I N A K L A Z A B L N
E P N C K Á D T K D U A I U K
N F G Z B I A V V A M L A D A
S F G C M M R Z A S I G Y N Y
E Z E S E Y H E L Í B I X A B
Č G S N X T A L I Ř X Z J V H
L H I V Y W Z E T P Z U J E W
I X J K H K O N A G E R O L L
O R I Z U J L Á B F I F V P W
```

ČESNEK	LEVANDULE
KOPR	MAJORÁNKA
AROMATICKÝ	MÁTA
BAZALKA	OREGANO
KULINÁŘSKÉ	PETRŽEL
ESTRAGON	KVALITA
FENYKL	ROZMARÝN
KVĚTINA	TYMIÁN
ZAHRADA	ZELENÁ
PŘÍSADA	ŠAFRÁN

45 - Biologia

```
B  S  S  J  H  I  O  A  S  Y  N  A  P  S  E
Z  N  P  G  I  L  V  T  R  G  M  E  C  G  P
A  Y  M  Ř  L  R  A  K  O  L  A  G  E  N  L
N  N  H  I  Í  F  O  N  W  F  N  S  V  O  A
I  Y  A  M  X  R  B  U  Ň  K  A  Y  A  M  Z
V  E  W  T  N  J  O  V  Ý  V  J  M  S  R  P
O  N  V  P  O  J  S  D  H  V  R  B  Z  O  T
K  A  M  O  R  M  H  V  N  F  E  I  N  H  X
L  E  A  U  U  A  I  R  W  Í  N  Ó  R  Z  O
Í  R  M  W  E  U  F  E  F  V  Z  Z  V  G  R
B  X  L  B  N  N  W  N  Z  W  Y  A  N  S  Z
V  E  E  I  R  E  T  K  A  B  M  N  D  C  Z
A  Z  É  T  N  Y  S  O  T  O  F  Z  G  W  E
E  J  P  X  S  W  O  N  S  M  U  T  A  C  E
C  H  R  O  M  O  Z  Ó  M  O  S  M  Ó  Z  A
```

ANATOMIE
BAKTERIE
BUŇKA
KOLAGEN
CHROMOZÓM
EMBRYO
ENZYM
VÝVOJ
FOTOSYNTÉZA
SAVEC

MUTACE
PŘÍRODNÍ
NERV
NEURON
HORMON
OSMÓZA
BÍLKOVINA
PLAZ
SYMBIÓZA
SYNAPSE

46 - Attività Commerciale

```
K  P  F  R  C  F  D  I  Y  J  S  J  N  T  Z
A  O  E  I  M  O  N  O  K  E  C  I  X  X  V
R  N  C  N  N  E  Z  Z  C  J  W  J  V  K  R
I  A  D  U  Í  A  I  N  V  E  S  T  I  C  E
É  C  R  M  Z  Z  N  Z  M  D  Y  N  R  T  X
R  F  T  R  U  A  E  C  U  O  D  P  O  R  I
A  N  Ě  M  P  V  M  G  E  R  A  Ř  Z  A  B
R  Z  X  M  V  E  F  Ě  L  P  L  Í  P  N  Z
K  A  N  C  E  L  Á  Ř  S  Z  K  J  O  S  B
S  J  O  D  P  S  R  U  A  T  Á  E  Č  A  O
I  O  B  C  H  O  D  J  H  O  N  M  E  K  Ž
Z  S  P  O  L  E  Č  N  O  S  T  A  T  C  Í
V  X  P  R  Z  T  O  V  Á  R  N  A  N  E  C
Z  A  M  Ě  S  T  N  A  V  A  T  E  L  E  E
S  S  U  F  X  N  Z  W  C  H  D  K  S  Y  C
```

ROZPOČET	OBCHOD
KARIÉRA	ZISK
NÁKLADY	PŘÍJEM
ZAMĚSTNAVATEL	SLEVA
ZAMĚSTNANEC	SPOLEČNOST
EKONOMIE	PENÍZE
TOVÁRNA	TRANSAKCE
FINANCE	KANCELÁŘ
INVESTICE	MĚNA
ZBOŽÍ	PRODEJ

47 - Fiori

```
A  K  S  Á  R  K  I  M  D  E  S  N  K  M  C
K  Í  P  G  O  D  X  U  X  V  I  J  N  F  F
Ň  Ř  K  A  R  M  O  Č  P  A  C  E  W  O  P
O  E  J  R  C  A  L  E  Ł  X  R  S  A  B  H
V  Š  Z  D  H  G  I  N  E  J  A  S  M  Í  N
I  R  G  É  I  N  O  K  V  M  N  R  J  H  D
P  K  G  N  D  Ó  K  A  A  M  U  Ů  R  S  Y
J  S  K  I  E  L  O  K  N  L  B  Ž  F  Z  P
U  E  Z  E  J  I  C  Y  D  P  K  E  P  T  L
M  M  T  A  N  E  C  Y  U  B  E  Z  C  X  U
N  F  T  E  A  K  Š  I  L  E  P  M  A  P  M
C  R  K  N  L  Á  W  X  E  C  I  T  Y  K  E
M  B  V  C  C  M  V  N  Á  P  I  L  U  T  R
Y  Y  P  T  S  I  B  I  Š  E  K  W  I  C  I
S  L  U  N  E  Č  N  I  C  E  W  W  C  L  A
```

PAMPELIŠKA
GARDÉNIE
JASMÍN
LILIE
SLUNEČNICE
IBIŠEK
LEVANDULE
ŠEŘÍK
MAGNÓLIE
SEDMIKRÁSKA

KYTICE
NARCIS
ORCHIDEJ
MÁK
MUČENKA
PIVOŇKA
PLUMERIA
RŮŽE
JETEL
TULIPÁN

48 - Filantropia

```
G Š P N D P B S F M I S E V P
T T G V I N O T E O B W U R R
V Ě Z T S T E C N A N I F Y O
T D K I A B E Ř T O P D P P G
H R S U T G L U F I Y U Y L R
I O K J I J Í B Í U V B Y O A
S S U J R U C P N O Z O C Z M
T T P E A I Z N L L Ý Z S M Y
O N I E H U B Y Á I V P F T T
R J N T C O N S B Í D Á L M K
I O Y Z J V I B O C I É U H A
E P D Ě T I P D L L S T V T T
L I D S T V O S G M E L T Y N
S P O L E Č E N S T V Í A A O
E O H L D S V E Ř E J N Ý F K
```

DĚTI
POTŘEBA
CHARITA
SPOLEČENSTVÍ
KONTAKTY
FINANCE
FONDY
ŠTĚDROST
MLÁDÍ
GLOBÁLNÍ

SKUPINY
MISE
CÍLE
POCTIVOST
LIDÉ
PROGRAMY
VEŘEJNÝ
VÝZVY
HISTORIE
LIDSTVO

49 - Ecologia

```
S D A Ý G U Y U E Y N O E K P
D R D K L T N A C C I L O Ř
G U T S O T I N A M Z O R M E
H H C Ř B F L U T X Z H G U Ž
U O B O Á N T A E Z K C V N I
D D R M L M S F G J I U J I T
R B N Y N V O E E U O S S T Í
Ž I T E Í T R B V D U R A Y L
I I P Ř Í R O D N Í O K D Y P
T U T W F Z S Z G B K D Ů Z R
E H T K L P Ř Í R O D A R X I
L Z O P Ó Á N K D R H M D J T
N T G F R C Č Z T V X I O N Z
Ý B H D A C F O J K N L J S C
Z J O R A D V M M A Z K P F N
```

KLIMA
KOMUNITY
ROZMANITOST
FAUNA
FLÓRA
GLOBÁLNÍ
MOŘSKÝ
HORY
PŘÍRODA
PŘÍRODNÍ

MOČÁL
ROSTLINY
ZDROJE
SUCHO
PŘEŽITÍ
UDRŽITELNÝ
DRUH
ODRŮDA
VEGETACE

50 - Discipline Scientifiche

```
I M G E O L O G I E N H I C E
E I M O N O R T S A Z B M O H
N N B O T A N I K A D I U W T
E E I G O L O I Z Y F O N Y Z
U R H L T A N E I G O L O K E
R A K I N A H C E M B O L N I
O L Z O O L O G I E H G O B M
L O D Z H S T K C R M I G I O
O G C H E M I E F N H E I O T
G I S O C I O L O G I E E C A
I E I G O L O E H C R A D H N
E P S Y C H O L O G I E V E A
T E R M O D Y N A M I K A M D
G G J A Z Y K O V Ě D A S I U
D P N E I G O L O R O E T E M
```

ANATOMIE
ARCHEOLOGIE
ASTRONOMIE
BIOCHEMIE
BIOLOGIE
BOTANIKA
CHEMIE
EKOLOGIE
FYZIOLOGIE
GEOLOGIE

IMUNOLOGIE
JAZYKOVĚDA
MECHANIKA
METEOROLOGIE
MINERALOGIE
NEUROLOGIE
PSYCHOLOGIE
SOCIOLOGIE
TERMODYNAMIKA
ZOOLOGIE

51 - Scienza

```
H H J I S S U M S I N A G R O
R Y W R E A I O K V Ě D E C P
N O P L C M I T U A I M B A K
M B E O A D A A T M E T O D A
L G E G T X K F E I I N M O P
O A M P I É I E Č L L E I R O
C N B Y V I Z X N K I M N Í Z
M H E O A T Y A O N S I E Ř O
O W E I R F F T S S O R R P R
L L Z M G A U A T W F E Á W O
E F P D I J T D X J V P L J V
K S K P E C Y O A L Ý X Y H Á
U G A I X F K T Ř E V E F V N
L E K T D D E Ý I R O F W W Í
Y K L Č Á S T I C E J S P Y U
```

ATOM
CHEMICKÝ
KLIMA
DATA
EXPERIMENT
VÝVOJ
SKUTEČNOST
FYZIKA
FOSILIE
GRAVITACE

HYPOTÉZA
LABORATOŘ
METODA
MINERÁLY
MOLEKULY
PŘÍRODA
ORGANISMUS
POZOROVÁNÍ
ČÁSTICE
VĚDEC

52 - Acqua

```
H  V  Y  P  A  Ř  O  V  Á  N  Í  V  R  I  K
L  U  P  N  B  Ť  Š  É  D  Ř  X  L  W  W  R
G  G  R  Í  Z  J  E  G  C  E  A  H  V  M  T
J  Ň  F  I  K  A  N  Á  L  K  L  K  L  O  K
V  E  U  S  K  R  Z  Í  P  A  U  O  H  N  A
D  D  Z  W  T  Á  W  N  T  H  S  S  K  Z  M
Z  O  N  E  A  P  N  Á  E  C  O  T  Ý  U  X
X  V  U  R  D  X  V  K  R  M  F  S  N  P
Z  O  W  J  D  O  I  O  X  P  Y  I  N  W  I
D  P  J  M  S  Y  N  Ž  L  S  X  G  C  V  T
V  V  L  N  Y  L  L  A  T  I  T  M  M  S  N
J  N  R  R  P  U  L  I  O  J  I  R  G  Ý
T  P  R  P  T  Z  P  V  S  N  Í  H  Á  V  O
R  T  R  N  P  C  L  A  P  H  A  J  Z  P  Z
Y  Y  O  R  X  I  J  Z  E  V  T  Z  H  T  G
```

POVODEŇ   MONZUN
KANÁL   SNÍH
SPRCHA   OCEÁN
VYPAŘOVÁNÍ   VLNY
ŘEKA   DÉŠŤ
MRÁZ   PITNÝ
GEJZÍR   VLHKOST
LED   VLHKÝ
ZAVLAŽOVÁNÍ   HURIKÁN
JEZERO   PÁRA

53 - Imbarcazioni

```
T  R  B  J  A  G  P  B  Z  A  O  N  A  L  V
T  S  L  B  T  R  A  J  E  K  T  C  K  I  L
N  R  O  V  H  O  V  B  U  D  G  A  E  S  N
P  Á  V  C  C  T  T  H  V  Á  K  U  Ř  Á  Y
L  Ž  M  T  A  O  O  A  O  S  B  N  A  E  N
A  O  N  O  J  M  K  F  Z  O  V  K  O  S  J
C  T  W  R  Ř  M  M  O  M  P  K  C  R  B  V
H  S  V  E  N  N  F  L  B  O  X  I  F  N  G
E  Z  J  Z  W  W  Í  O  Í  N  Ř  O  M  Á  N
T  B  T  E  M  I  Z  K  S  S  D  E  L  C  B
N  Ó  E  J  P  R  G  A  E  H  R  I  S  A  I
I  J  D  U  W  K  Á  N  O  E  K  A  J  A  K
C  E  Y  M  Z  L  P  Ř  Í  L  I  V  D  W  A
E  M  X  E  U  R  Z  V  D  R  G  O  G  N  H
D  K  O  B  A  R  J  L  O  X  C  N  D  F  V
```

STOŽÁR
KOTVA
PLACHETNICE
BÓJE
KÁNOE
LANO
POSÁDKA
ŘEKA
KAJAK
JEZERO

MOŘE
PŘÍLIV
NÁMOŘNÍK
MOTOR
NÁMOŘNÍ
OCEÁN
VLNY
TRAJEKT
JACHTA
VOR

54 - Chimica

```
K E J J R K E L E K T R O N M
A N P D R Í Y M O L E K U L A
P Z R V V L A S X K I R O F L
A Y R N M H N J L T O R H C J
L M M T B U I E T Í I T N M A
I K Y S S L L Ů S E K O R W D
N S D O S W E F S O P B N O E
A U Y N G C S U R S U L D T R
S R O T Á Z Y L A T A K O W N
Y U V O D Í K S J V K U Z W Ý
A T O M O V Ý K C I N A G R O
C W J H T E P L O T A L C Ó P
W B J G V F K A E L K N Y L L
Y J Y J D A R N H M H U G H Y
H H B A L K A L I C K É U C N
```

KYSELINA	VODÍK
ALKALICKÉ	IONT
ATOMOVÝ	KAPALINA
TEPLO	MOLEKULA
UHLÍK	JADERNÝ
KATALYZÁTOR	ORGANICKÝ
CHLÓR	KYSLÍK
ELEKTRON	HMOTNOST
ENZYM	SŮL
PLYN	TEPLOTA

55 - Strumenti Musicali

```
R T U O O V R W O H X Z J T W
N O A N T É L F C L Z W Z S L
J G J M P V A K I N O M R A H
I A J O B O H F T G O N G X H
A F R A H U K X O K Ž V X O O
K R C L P K R L R R D T N F U
H Y N L M L M Í E J N R X O S
S V Y F V A S A N P E U Z N L
B U B E N V O R N A B B B W E
I E P P A Í A A Y D D K U D Z
S G E K M R B T K F O A S O X
P O Z O U N P Y X H U L U V W
M A R I M B A K L O T X Í C I
K L A R I N E T E I K B Y N U
V I O L O N C E L L O D S K A
```

HARMONIKA	HOBOJ
HARFA	POKLEP
BENDŽO	KLAVÍR
KYTARA	SAXOFON
KLARINET	TAMBURÍNA
FAGOT	BUBEN
FLÉTNA	TRUBKA
GONG	POZOUN
MANDOLÍNA	HOUSLE
MARIMBA	VIOLONCELLO

56 - Professioni #2

```
U M W X X S N K Z O O L O G V
K Č A L I P P R S N Z K Ř X Y
O G I L Z P L Ý H F R M Á T Š
E R H T Í K Í N V O H I N K E
B U M K E Ř L E V T O L I P T
X R X W E L O Ž G O V G V B Ř
F I L O Z O F N K G E Z O K O
L H I M A H Y I Y R Y A N B V
E C Z E L Á N Y V A N H M I A
E Z U C H J E D S F U R S O T
T U A N O R T S A B I A N L E
L B V Ý Z K U M N Í K D N O L
S A T S I V G N I L D N T G V
G Ř A K É L H R S N U Í X X H
I L U S T R Á T O R W K Z S X
```

ASTRONAUT
KNIHOVNÍK
BIOLOG
CHIRURG
ZUBAŘ
FILOZOF
FOTOGRAF
ZAHRADNÍK
NOVINÁŘ
ILUSTRÁTOR

INŽENÝR
UČITEL
VYNÁLEZCE
VYŠETŘOVATEL
LINGVISTA
LÉKAŘ
PILOT
MALÍŘ
VÝZKUMNÍK
ZOOLOG

57 - Letteratura

```
M R Y T M U S I P O P S B Ž N
E E T A I A B F X F R R Á I Á
A D T W Y J K A D I U O S V Z
T N D A R Ý M G A O Ý V E O O
R H A K F T W K C S K N Ň T R
A I T L G O L A I D C Á M O Ě
G E Y U Ý Y R N Á Ž I N V P V
É J H N I Z A A G T T Í V I Á
D E K C L A N I L E W E S Z
I E E U O K F B A R O M Á N J
E R R P B D N M P L P S C P T
O Z I M S G A R W R O T U A A
O H S T Y L I A W N A G E T F
T É M A T O D K E N A K I Y D
S U Y L H P U K B V G F C E K
```

ANALÝZA	METAFORA
ANALOGIE	NÁZOR
ANEKDOTA	BÁSEŇ
AUTOR	POETICKÝ
ŽIVOTOPIS	RÝM
ZÁVĚR	RYTMUS
SROVNÁNÍ	ROMÁN
POPIS	STYL
DIALOG	TÉMA
ŽÁNR	TRAGÉDIE

58 - Cibo #2

```
H G N K L G S Z W Š N X H V H
R Ý S I F I P T R U G O J U J
O E U W F L L Z W N Á N A B A
Z C L I E P M E U K T I E A B
E C J E V I T R K A B U O H L
N K T G C T B B N C P G V C K
A D N A G B R O K O L I C E O
L G D U A K K C T K N Č T C Y
U O U R Ý Ž E C U B U O Ř I S
R Y B A H I P I V Z H K E N K
U M K Z T C R A J Č E O Š E O
K U Ř E L M H O B A A L E Š U
C C C A W L C L N W M Á Ň P T
B Y V N Y B B O É R A D U J A
H S R J C V I B D B H A I Y U
```

BANÁN	CHLÉB
BROKOLICE	RYBA
TŘEŠEŇ	KUŘE
ČOKOLÁDA	RAJČE
SÝR	ŠUNKA
HOUBA	RÝŽE
PŠENICE	CELER
KIWI	VEJCE
JABLKO	HROZEN
LILEK	JOGURT

59 - Nutrizione

```
T U C V K R X X Z S T R A V A
B R H H B A Ý C W Y V S N K K
B N I A U F L N Í M A T I V N
Z S Z E S Ť D O K K O X V A S
K D N S E B E H R L Z N I Š G
H I R U Y L J H Z I F W Ž E D
O R C A K Č Á M O Y E F P N U
R A R T V H M O T N O S T Í Y
K H E I R Í Z D Z I T O X I N
Ý C L L H N C Í N E V Á R T I
V A T A Z E I L B T I X G N L
A S T V Z Ř U I I O U X A C A
R C K K O O U A V R P W M U P
D F X J V K D P Z P G N V K A
Z U A G V U V Y V Á Ž E N Ý K
```

HORKÝ

CHUŤ

VYVÁŽENÝ

KALORIE

SACHARID

JEDLÝ

STRAVA

TRÁVENÍ

KVAŠENÍ

KAPALINY

ŽIVINA

HMOTNOST

PROTEINY

KVALITA

OMÁČKA

ZDRAVÍ

ZDRAVÝ

KOŘENÍ

TOXIN

VITAMÍN

60 - Matematica

```
C J B N T L G J Ú S O G E O E
U G V Á Y R Y N Y H L C X B R
G H U M H J O V S U L X P D W
P K L Ě U H T J P R S Y O É R
L Í L S M H K D Ú V C H N L O
O N K T K U A P K H P G E N V
N Ž E Í S O U Č E T E A N Í N
O Ě Z L O M E K W H I L T K I
G B I Z O H N F F P R T N C C
Y O V S M W I W K I T E B Í E
L N I O K Ý N N I T E S E D K
O V D S D E I R T E M O E G P
P O L O M Ě R L T D Y F V M V
D R Ě M Ů R P O E P S R U J I
R O V N O B Ě Ž N Ý O B J E M
```

ÚHLY	OBVOD
DESETINNÝ	POLYGON
PRŮMĚR	NÁMĚSTÍ
DIVIZE	POLOMĚR
ROVNICE	OBDÉLNÍK
EXPONENT	SYMETRIE
ZLOMEK	SOUČET
GEOMETRIE	TROJÚHELNÍK
ROVNOBĚŽNÝ	OBJEM
ROVNOBĚŽNÍK	

61 - Meditazione

```
M  U  K  L  I  D  N  I  T  R  U  I  X  K  P
C  Y  J  R  G  L  T  S  O  N  Č  Ě  D  V  O
I  P  Š  H  B  U  S  H  W  C  H  E  P  T  Z
J  E  C  L  J  V  O  Í  T  E  J  I  Ř  P  O
A  R  T  V  E  H  V  D  U  M  O  B  C  C  R
S  S  I  F  K  N  A  R  B  O  H  D  M  O  N
N  P  P  J  B  P  K  Z  X  C  C  V  U  I  O
O  E  L  Ř  X  L  S  Y  M  E  P  L  R  F  S
S  K  W  W  Í  J  A  D  Ý  C  H  Á  N  Í  T
T  T  G  F  T  R  L  S  O  U  C  I  T  N  M
B  I  L  G  B  I  O  U  M  L  Č  E  T  V  S
G  V  H  U  D  B  A  D  B  Y  F  A  S  E  A
D  A  D  V  G  N  M  T  A  C  A  E  I  Š  Y
P  O  Z  O  R  O  V  Á  N  Í  M  H  A  U  K
R  H  N  U  T  Í  T  S  Ě  T  Š  J  J  D  G
```

PŘIJETÍ	MYSL
POZORNOST	HNUTÍ
UKLIDNIT	HUDBA
JASNOST	PŘÍRODA
SOUCIT	POZOROVÁNÍ
EMOCE	MÍR
ŠTĚSTÍ	MYŠLENKY
LASKAVOST	PERSPEKTIVA
VDĚČNOST	DÝCHÁNÍ
DUŠEVNÍ	UMLČET

62 - Antiquariato

```
E K Ý M C K A W A S Í S N D H
R J L I D E X D U Z T D C E O
D E K Á D Y N J T G E A B K D
O C Y W H W R A E J L K V O N
B I V U D K U N V O V G R O N
N T B U A T L Y T S A A A T
O S O M I N C E I W S L L T A
V E E S U W K E C S B I E I H
E V N K B N E U K Y I T R V C
N N Ý R A T S S Ý I W A I N O
Í I N T D U C T G M M E Í S
U M Ě N Í R K E T Y B Á N B A
H N Z G D M X C C U H I N B N
A B W V F O M E E N F O R N F
D J W E L E G A N T N Í K A A
```

UMĚNÍ
AUKCE
AUTENTICKÝ
STAV
DEKÁDY
DEKORATIVNÍ
ELEGANTNÍ
GALERIE
NEOBVYKLÝ
INVESTICE

NÁBYTEK
MINCE
CENA
KVALITA
OBNOVENÍ
SOCHA
STOLETÍ
STYL
HODNOTA
STARÝ

63 - Escursionismo

```
N H V G C F W K S N U K H F K
W E F T O D E U W E A R O H L
B D P A A S D J M B T Y M O I
O R Y N E M A K A E A Ú R R M
P P F U C D I Y P Z Ř V Z I A
S Ř O A D O R Í Ř P Í Z U E P
U Í H G O Ý Í D H E V I Y N A
M P D U V K N X G Č Z J L T M
M R S E Ů O Á E M Í C S N A S
I A Y Y R V V E V S U S W C L
T V T L P I O H P A R K Y E U
N A Ě O C D P Y Z D N P T H N
T W Ž L X T M D Z O M U O L C
R K K M P F E O D V Z O B D E
T Y Ý V K P K Z H X O S R P I
```

VODA
ZVÍŘATA
KEMPOVÁNÍ
KLIMA
PRŮVODCE
MAPA
HORA
PŘÍRODA
ORIENTACE
PARKY

NEBEZPEČÍ
TĚŽKÝ
KAMENY
PŘÍPRAVA
ÚTES
DIVOKÝ
SLUNCE
UNAVENÝ
BOTY
SUMMIT

64 - Professioni #1

```
S  N  H  C  G  O  L  O  H  C  Y  S  P  R  K
I  E  G  F  L  Y  W  B  U  M  X  G  G  H  A
K  N  S  D  G  O  Z  T  D  O  X  L  O  S  R
L  A  S  T  K  Í  N  Č  E  N  A  T  L  P  T
E  S  L  T  R  L  K  K  B  V  R  T  O  Z  O
N  T  É  U  A  A  Z  U  N  L  O  V  E  C  G
O  R  K  M  V  L  O  O  Í  R  T  G  G  H  R
T  O  Á  Ě  M  A  A  W  K  R  I  P  L  P  A
N  N  R  L  S  D  T  T  Ř  P  D  B  C  C  F
Í  O  N  E  K  V  S  X  É  D  E  I  C  W  G
K  M  Í  C  V  O  I  M  K  R  É  N  E  R  T
F  J  K  G  O  K  N  L  N  P  X  L  D  L  O
V  Ě  D  E  C  Á  A  P  A  A  Z  R  I  F  H
A  I  J  E  R  T  I  L  B  B  K  D  X  B  H
O  S  M  Y  U  S  P  I  T  J  E  O  X  C  I
```

TRENÉR
UMĚLEC
ASTRONOM
ADVOKÁT
TANEČNÍK
BANKÉŘ
LOVEC
KARTOGRAF
EDITOR

LÉKÁRNÍK
GEOLOG
KLENOTNÍK
INSTALATÉR
SESTRA
HUDEBNÍK
PIANISTA
PSYCHOLOG
VĚDEC

65 - Antartide

```
Z P K O N T I N E N T W D E V
C E O S K A L N A T Ý L A X Ý
R I M L P R Ů Z K U M G N P Z
Z F F Ě O Z Á L I V M K C E K
L A E D P O V E L R Y B Y D U
E R C N F I S Y X D D U O I M
D G A H B S S T P N V T N C N
E O R B O D E S R K G E Y E Í
E P G R M V I G T O T P L N K
D O I B H A Á I K V V L E H J
A T M E X N M N M I G O D A H
A M R A K Y D V Í A Y T O S G
D U H V O S T R O V Y A V Z B
O M I N E R Á L Y G Z M C E D
V Ě D E C K Ý Z Z V M V E S T
```

VODA
ZÁLIV
VELRYBY
ZACHOVÁNÍ
KONTINENT
PRŮZKUM
ZEMĚPIS
LEDOVCE
LED
OSTROVY

MIGRACE
MINERÁLY
MRAKY
POLOOSTROV
VÝZKUMNÍK
SKALNATÝ
VĚDECKÝ
EXPEDICE
TEPLOTA
TOPOGRAFIE

66 - Libri

```
K  Ř  V  R  S  T  R  Á  N  K  A  Z  P  T  F
Í  A  Y  E  I  Z  E  O  P  O  S  X  Ř  P  J
V  D  N  L  V  Y  P  R  A  V  Ě  Č  Í  X  Z
T  A  A  E  T  M  J  F  T  H  S  D  B  B  M
S  K  L  V  E  E  R  H  T  Z  O  G  Ě  V  D
Ž  R  É  A  K  H  S  F  R  G  I  H  H  N  W
U  Í  Z  N  Á  M  O  R  A  C  D  M  Í  G  H
R  B  A  T  E  G  P  K  G  Č  T  E  N  Á  Ř
D  S  V  N  X  A  E  R  I  M  V  P  R  F  W
O  U  Ý  Í  A  E  X  W  C  Y  T  S  Á  N  J
R  L  A  H  E  U  T  B  K  T  I  A  R  K  T
B  T  F  L  K  V  T  N  Ý  N  P  N  E  H  M
O  D  Z  X  I  A  N  O  O  N  N  Ý  T  Y  W
D  Y  Y  H  F  T  Y  P  R  K  Ý  D  I  I  H
O  S  P  I  Z  D  A  F  B  V  U  C  L  O  J
```

AUTOR	STRÁNKA
DOBRODRUŽSTVÍ	POEZIE
SBÍRKA	RELEVANTNÍ
KONTEXT	ROMÁN
DUALITA	PSANÝ
EPOS	ŘADA
VYNALÉZAVÝ	PŘÍBĚH
LITERÁRNÍ	TRAGICKÝ
ČTENÁŘ	VTIPNÝ
VYPRAVĚČ	

67 - Geografia

```
Z  E  M  Ě  L  I  S  A  K  K  L  M  U  P  X
A  O  C  E  Á  N  S  U  B  T  S  O  K  O  N
H  B  X  E  T  N  E  N  I  T  N  O  K  L  W
O  G  D  N  Ě  Y  V  H  J  W  U  C  Í  O  W
D  E  N  L  V  K  E  I  O  N  M  C  N  K  M
V  V  T  P  S  U  R  J  Y  R  K  V  V  O  M
G  H  F  E  P  I  N  I  I  O  A  Z  O  U  F
P  S  M  O  Ř  E  Í  Ú  U  A  V  S  R  L  U
O  R  E  G  I  O  N  Z  S  P  F  G  T  E  J
L  M  A  A  R  K  H  E  D  A  P  Á  Z  A  J
E  M  Ě  Y  X  U  L  M  B  M  L  D  F  G  T
D  C  X  S  E  N  F  Í  K  O  S  T  R  O  V
N  Y  B  U  T  N  Ř  E  K  A  A  B  A  C  F
Í  D  X  N  M  O  Z  E  M  Ě  K  O  U  L  E
K  G  M  J  C  M  O  F  Y  N  F  R  J  K  M
```

ATLAS	POLEDNÍK
MĚSTO	SVĚT
KONTINENT	HORA
POLOKOULE	SEVERNÍ
ROVNÍK	OCEÁN
ŘEKA	ZÁPAD
ZEMĚKOULE	ZEMĚ
OSTROV	REGION
MAPA	JIH
MOŘE	ÚZEMÍ

68 - Cibo #1

```
T Á N E P Š Š J L T O V O J M
R U K P E P Y Ť A K G T O N P
O Y Ř L M S O K Á Ň U T Z A M
D M O Í B P V V I V O E G L L
M L Y Y N K D A K L A Z A B É
C I B U L E M G V Y T J K L K
C R R O H N O R T I C E P E O
B A L J O S A M P Y F Č R W K
T R H A J E W Y Á K G M S D A
U W B H S Č I I X T V E K C G
T G U O A G L S Ů L A N O U A
W M L D L D M R K E V E Ř K W
H O P A Á J K I R E L X I R O
C Y H C T H R U Š K A M C W F
N N N K O T M M X B G D E T O
```

ČESNEK
BAZALKA
SKOŘICE
MASO
MRKEV
CIBULE
JAHODA
SALÁT
MLÉKO
CITRON

MÁTA
JEČMEN
HRUŠKA
TUŘÍN
SŮL
ŠPENÁT
ŠŤÁVA
TUŇÁK
DORT
CUKR

69 - Etica

```
N R L I J D U H H G K Z F A T
P O A R N T I C U O S S I L R
O Z S E H T O V T S D I L T P
U U K A O S E A E I G P O R Ě
M M A L D O P G A Y V O Z U L
O N V I N N H O R S A Ý O I I
U É O S O M R G C I O Z F S V
D N S M T U F T A T T S I M O
R T T U Y Z K N F A I A E U S
O N R S V O X D O P V V Y S T
S E C N A R E L O T B I O H H
T B E N E V O L E N T N Í S A
S P O L U P R Á C E G L C J T
B O D I P L O M A T I C K Ý R
O P T I M I S M U S G P X L I
```

ALTRUISMUS
BENEVOLENTNÍ
SOUCIT
SPOLUPRÁCE
DIPLOMATICKÝ
FILOZOFIE
LASKAVOST
INTEGRITA
POCTIVOST
OPTIMISMUS

TRPĚLIVOST
ROZUMNÉ
ROZUMNOST
REALISMUS
UCTIVÝ
MOUDROST
TOLERANCE
LIDSTVO
HODNOTY

70 - Aeroplani

```
D Z Y R S K P X N U E J H N F
C O E U M Í Y F V W Z A K A Y
O C B T Ě D X P C F V Í R V W
B T E R R O Y I N K G N C I M
U A N L O V I L A P P Á N G K
L P L A W D V O R A D T M O O
N W D Ó N L R T N R O S V V N
K O N R N L Y U J É G I Z A S
S E S T U P Y O Ž F R Ř D T T
V D Z O F A K D Á S O P U E R
C E S T U J Í C Í O T V C Z U
H D E S I G N T K M O V H L K
H I S T O R I E T T M D Í T C
V X A A O E G H C A K Š Ý V E
L X N T J T U R B U L E N C E
```

VÝŠKA	SESTUP
VZDUCH	POSÁDKA
ATMOSFÉRA	VODÍK
PŘISTÁNÍ	MOTOR
DOBRODRUŽSTVÍ	NAVIGOVAT
PALIVO	BALÓN
NEBE	CESTUJÍCÍ
KONSTRUKCE	PILOT
DESIGN	HISTORIE
SMĚR	TURBULENCE

71 - Governo

```
A S W S P R A V E D L N O S T
I J X T S O N V O R P P L V E
T U S R W T Á T S E R K O L L
A V A T S Ú R B N L O L B A N
L Ů U Y R R O I R Y J E M I I
V D A B R J D E H B E L Y D N
E C Y R C M N Y R F V W S A Á
A E L Y H W Í C I V I L N Í R
D E M O K R A C I E E Y N N O
O T S O L S I V Á Z E N C D D
B V U U P O L I T I K A H U G
O H O M K Í N M O P W G K O U
V V Í V T S N A Č B O G G S L
S B M V I F I Z Á K O N V C W
H E T B B O H D E E J T S D T
```

VŮDCE	ZÁKON
OBČANSTVÍ	SVOBODA
CIVILNÍ	POMNÍK
ÚSTAVA	NÁRODNÍ
DEMOKRACIE	NÁROD
PROJEV	POLITIKA
DISKUSE	OKRES
SOUDNÍ	SYMBOL
SPRAVEDLNOST	STÁT
NEZÁVISLOST	ROVNOST

72 - Bellezza

```
K  X  P  E  L  N  T  J  M  N  D  E  Y  A  V
O  K  Z  L  C  P  Y  F  O  C  G  G  W  I  Ů
S  K  Z  E  S  N  P  R  O  D  U  K  T  Y  N
M  O  G  G  M  X  A  K  N  Ě  T  R  P  A  Ě
E  U  R  A  Š  I  C  G  H  L  A  D  K  Ý  P
T  Z  R  N  L  A  L  Z  E  N  Y  V  X  Z  P
I  L  R  T  L  K  M  O  O  L  D  A  C  R  Z
K  O  Y  N  N  Z  P  S  R  E  W  Y  A  O
A  V  K  Í  A  E  K  F  O  T  K  Ů  Ž  E  L
Y  B  Ž  U  L  S  Y  W  X  N  I  U  X  E  E
G  X  Ů  O  P  A  V  R  A  B  Z  M  B  C  J
A  X  N  W  Z  Ř  E  D  A  K  R  J  C  S  E
F  O  T  O  G  E  N  I  C  K  Ý  L  U  W  A
F  N  M  G  R  L  S  T  Y  L  I  S  T  A  R
J  C  U  M  J  M  Z  J  O  T  E  Z  S  J  S
```

BARVA	ŘASENKA
KOSMETIKA	OLEJE
ELEGANTNÍ	KŮŽE
ELEGANCE	PRODUKTY
KOUZLO	KADEŘ
NŮŽKY	RTĚNKA
FOTOGENICKÝ	SLUŽBY
VŮNĚ	ŠAMPON
MILOST	ZRCADLO
HLADKÝ	STYLISTA

73 - Avventura

```
W  M  A  I  N  A  D  Š  E  N  Í  W  O  B  G
S  T  S  O  T  I  Ž  E  L  Í  Ř  P  B  E  E
N  O  V  Ý  V  I  I  V  G  E  R  K  T  Z  I
A  S  Á  R  K  Ý  N  G  M  Z  E  O  Í  P  T
V  K  O  L  Y  R  L  E  T  E  C  F  Ž  E  S
A  Ý  T  D  L  G  N  E  R  N  J  O  N  Č  O
R  N  S  I  C  Y  E  W  T  Á  I  V  O  N  N
P  Č  S  Y  V  Z  Ý  V  I  S  Ř  L  S  O  Č
Í  E  G  N  Y  I  R  A  D  O  S  T  T  S  E
Ř  P  K  E  J  U  T  S  E  C  O  T  Z  T  T
P  Z  I  S  O  R  J  A  P  Ř  Í  R  O  D  A
D  E  S  T  I  N  A  C  E  X  D  P  C  S  T
H  B  P  Ř  Á  T  E  L  É  P  L  J  B  D  S
Z  E  O  H  L  E  E  N  A  V  I  G  A  C  E
V  N  N  E  O  B  V  Y  K  L  Ý  A  S  W  B
```

PŘÁTELÉ	ITINERÁŘ
AKTIVITA	PŘÍRODA
KRÁSA	NAVIGACE
STATEČNOST	NOVÝ
DESTINACE	PŘÍLEŽITOST
OBTÍŽNOST	NEBEZPEČNÝ
NADŠENÍ	PŘÍPRAVA
VÝLET	VÝZVY
RADOST	BEZPEČNOST
NEOBVYKLÝ	CESTUJE

74 - Forme

```
S T R O J Ú H E L N Í K W O N
U T H R A N Y O B L O U K V Á
Y X R V D C D D L U A X P Á M
I C Z A L O B R E P Y H Y L Ě
W P Z S N E O U L X L U R O S
W X Y P E A H M U Z V R A W T
P G Z I U K T S O A D K M O Í
F O S L L V R U K K K L I B L
J V L E D I P T V J K B D D V
V J W Y C Ř K E K J W M A É Á
K G F G G K G H L R O S T L L
E U C F G O H R A N O L K N E
D Z Ž J K W N G F Z G Z L Í C
Á M E E L H C Y R K D N N K M
Ř N X T L J H Y W R O H O K J
```

ROH
OBLOUK
HRANY
KRUH
VÁLEC
KUŽEL
KRYCHLE
KŘIVKA
ELIPSA
HYPERBOLA

STRANA
ŘÁDEK
OVÁL
PYRAMIDA
POLYGON
HRANOL
NÁMĚSTÍ
OBDÉLNÍK
KOULE
TROJÚHELNÍK

75 - Oceano

```
D D Ď K R A B F P P Ř O J L C
G E O N V B O U Ř E O K L I H
S P L Ů S E L B E T H O L X O
H A M F E Z L J G Z Ú G D N B
O G E K Í A C R Y K A T X M O
U N D H T N R V Y Z B D E V T
B P Ú I F J B A P B Z H B S N
A Ž Z Ú S T Ř I C E A B Y R I
S E A S T H I K O R Á L W T C
E L R I X Z R Y P G W G G U E
Y V I L Í Ř P B K W E I L Ň Y
Y A S K R K R E V E T A V Á W
E F R N S U M A W R W M L K L
J S G Ž R A L O K C B X N H I
S K Y B M O Y K C L V A Y I D
```

ÚHOŘ   ÚSTŘICE
VELRYBA   RYBA
LOĎ   CHOBOTNICE
KORÁL   SŮL
DELFÍN   ÚTES
KREVETA   HOUBA
KRAB   ŽRALOK
PŘÍLIVY   ŽELVA
MEDÚZA   BOUŘE
VLNY   TUŇÁK

76 - Famiglia

```
O I C L G L B N F D H K G G W
D T V C Y E O H M C Ý R T S K
V Ě C D Z I L K S E W N X Z Y
O D I O F D D I M R R O R V A
J B C E V O N Y S A M S W C K
Č R H Y M S X P E M A N Ž E L
A A O T E C K I S B T B D N E
T T V G K A E Ý T A E G Ě A Ž
A R O N R V D N R B T C D R N
K Z N P Z T E S A I J R E T A
T W F O G F Ř S E Č I J Č A M
A L E K T J P T N K M G E R Z
M A T E Ř S K Ý G A U F K B A
I A B C T Z X D Í T Ě L J T G
I Z J A V C B D Ě T S T V Í V
```

PŘEDEK
DĚTI
DÍTĚ
BRATRANEC
DCERA
BRATR
DVOJČATA
DĚTSTVÍ
MATKA
MANŽEL

MATEŘSKÝ
MANŽELKA
SYNOVEC
BABIČKA
DĚDEČEK
OTEC
OTCOVSKÝ
SESTRA
TETA
STRÝC

77 - Creatività

```
R  J  S  L  U  R  K  H  I  U  D  I  N  E  Y
P  A  A  P  O  F  C  O  G  M  O  N  K  E  I
V  R  S  S  B  H  B  A  X  Ě  V  T  T  C  R
Y  V  A  V  N  L  W  F  E  L  E  E  Z  I  V
T  O  V  V  P  O  K  R  M  E  D  N  A  U  V
R  J  M  A  O  U  S  U  O  C  N  Z  R  T  Y
O  O  C  N  C  S  T  T  C  K  O  I  Ý  N  N
X  B  L  W  W  G  T  I  E  Ý  S  T  V  I  A
G  I  R  N  T  C  D  C  U  A  T  A  R  L  L
O  Y  D  A  P  Á  N  O  D  O  J  E  M  R  É
U  V  V  C  Z  A  D  P  D  B  O  H  G  E  Z
P  Ř  E  D  S  T  A  V  I  V  O  S  T  Y  A
T  E  K  U  T  O  S  T  C  K  K  K  E  W  V
I  N  S  P  I  R  A  C  E  A  X  M  L  K  Ý
D  R  A  M  A  T  I  C  K  Ý  F  X  G  Z  A
```

DOVEDNOST	PŘEDSTAVIVOST
UMĚLECKÝ	OBRAZ
PRAVOST	DOJEM
JASNOST	INTENZITA
DRAMATICKÝ	INTUICE
EMOCE	VYNALÉZAVÝ
VÝRAZ	INSPIRACE
TEKUTOST	POCIT
NÁPADY	VIZE

78 - Veicoli

```
A P L R A K E T A Ď J S K S T
U N P E D A K Ž Ě B O L O K R
T E K C T N K U V I L L R W A
O U V A F A G E S D O O T S J
X M R W E V D S U Z K M E M E
B A T A Y A B L B P Í F M X K
C T U I I R O T O M N U J Z T
B I L R K A F N T W D S R K S
J K N W L K V L U R Z J E B A
U Y Í K L R L L A V Í F E K N
L U K Á Ď A L K Á N J D S F I
T R A K T O R P O N O R K A T
H J L T A X I C F O T Z U J K
C V V B T T N L Z F L A D V A
E F Y Z S D R V O R X P T C Y
```

LETADLO

SANITKA

AUTO

AUTOBUS

LOĎ

JÍZDNÍ KOLO

NÁKLAĎÁK

KARAVANA

VRTULNÍK

METRO

MOTOR

PNEUMATIKY

RAKETA

KOLOBĚŽKA

PONORKA

TAXI

TRAJEKT

TRAKTOR

VLAK

VOR

79 - Emozioni

```
S  U  U  K  N  T  X  L  T  P  I  O  T  Z  S
A  K  V  G  U  J  K  Á  S  A  Y  Y  H  P  I
S  L  O  H  D  L  T  S  O  V  A  K  S  A  L
T  I  L  V  A  Z  R  K  D  I  L  K  F  G  R
R  D  N  Ú  S  B  P  A  A  N  M  E  L  R  T
A  N  Ě  U  L  K  H  Ř  R  Í  M  I  F  B  V
C  I  N  W  Z  E  F  N  E  V  D  Ě  Č  N  Ý
H  T  Ý  A  B  A  V  T  Ě  K  O  G  A  P  U
U  W  F  N  L  N  M  A  K  V  V  X  H  T  K
D  H  S  P  O  K  O  J  E  N  Ý  A  O  H  F
B  L  A  Ž  E  N  O  S  T  U  C  H  P  L  N
V  Z  R  U  Š  E  N  Ý  U  C  L  Ě  L  I  S
S  Y  M  P  A  T  I  E  M  J  N  N  P  G  T
O  B  S  A  H  O  T  D  S  N  X  R  Z  R  E
N  C  D  H  Z  C  F  H  I  O  M  N  V  C  O
```

LÁSKA	STRACH
BLAŽENOST	HNĚV
UKLIDNIT	UVOLNĚNÝ
OBSAH	ÚLEVA
VZRUŠENÝ	SYMPATIE
LASKAVOST	SPOKOJENÝ
RADOST	PŘEKVAPIT
VDĚČNÝ	NĚHA
NUDA	KLID
MÍR	SMUTEK

80 - Natura

```
Z Ř G N E C F S K K H G J X U
M V E U A L L V V R L T H V A
C Y Í K S V M A H Á B V P F C
Z P Y Ř A P L T H S C X C J U
S J G K A V S Y O A L I S T F
M R A K Y T I N R K L I D N Ý
L U W A X J A Ě Y E R O Z E K
G E B K D Y N A M I C K Ý Z O
J A S M B B G D K D Y L E Č V
T R O P I C K Ý F E Z W V T I
A R K T I C K Ý O M K U B I D
K V Z A C X M L H A C D S D H
Ú T O Č I Š T Ě V I T Á L N Í
R G T C Y I G X I W S Y H S U
L E D O V E C U X P O U Š Ť Y
```

ZVÍŘATA	LEDOVEC
VČELY	HORY
ARKTICKÝ	MLHA
KRÁSA	MRAKY
POUŠŤ	ÚTOČIŠTĚ
DYNAMICKÝ	SVATYNĚ
EROZE	DIVOKÝ
ŘEKA	KLIDNÝ
LIST	TROPICKÝ
LES	VITÁLNÍ

81 - Balletto

```
B  T  A  N  E  Č  N  Í  C  I  T  Y  I  P  C
M  A  P  A  S  S  U  M  T  Y  R  P  N  U  H
Z  K  L  M  R  T  S  E  H  C  R  O  T  B  O
H  Š  E  E  D  Y  Y  X  L  B  O  X  E  L  R
B  U  T  G  R  L  Y  A  Z  B  B  W  N  I  E
U  O  A  M  E  Í  J  R  Z  N  J  G  Z  K  O
N  K  D  C  D  S  N  P  M  W  Y  K  I  U  G
K  Z  A  K  O  K  T  A  E  T  S  P  T  M  R
Z  Y  L  A  V  S  D  O  B  L  L  R  A  Y  A
A  Ý  K  C  E  L  Ě  M  U  D  T  U  U  F  F
J  U  S  T  D  U  A  L  P  K  U  S  J  F  I
I  A  K  I  N  H  C  E  T  S  Y  H  F  C  E
P  G  C  O  O  P  O  T  L  E  S  K  B  I  O
Í  N  V  I  S  E  R  P  X  E  P  A  U  P  P
J  J  Í  N  T  N  A  G  E  L  E  D  Y  U  O
```

DOVEDNOST	INTENZITA
POTLESK	SVALY
UMĚLECKÝ	HUDBA
BALERÍNA	ORCHESTR
TANEČNÍCI	PRAXE
SKLADATEL	ZKOUŠKA
CHOREOGRAFIE	PUBLIKUM
EXPRESIVNÍ	RYTMUS
GESTO	STYL
ELEGANTNÍ	TECHNIKA

82 - Paesi #1

```
S H Z Y U M H J G M B K X B R
W M B A L T A L E A R Z I A U
T L I R Á K Ž R F L L Z X F M
A P W O Z N D R O I K S N X U
L L Y V I Ě O B M K F O R P N
Z S L G X M B L C C O L Z V S
I N D I E E M K A N A D A E K
R E X X Y C A M A N A P B N O
P D Z D B K K Z L V V W R E K
O S M K I O F I N S K O A Z S
L O K S L Ě N A P Š D I Z U R
S J O L U B C T R M R C Í E O
K A J I F S E N E G A L L L N
O C U X Z C C S S G Y N I A V
E P E E S V O D M A N T E I V
```

BRAZÍLIE

KAMBODŽA

KANADA

EGYPT

FINSKO

NĚMECKO

INDIE

IRÁK

IZRAEL

LIBYE

MALI

MAROKO

NORSKO

PANAMA

POLSKO

RUMUNSKO

SENEGAL

ŠPANĚLSKO

VENEZUELA

VIETNAM

83 - Geometria

```
X  T  T  E  P  V  E  R  T  I  K  Á  L  N  Í
Z  N  E  N  H  O  P  O  V  R  C  H  L  B  V
P  E  E  O  U  D  M  C  O  X  K  Ú  D  Z  Ý
R  M  I  L  R  R  G  Ě  P  N  Í  H  I  S  Š
P  G  Y  S  K  I  K  G  R  C  N  E  M  Y  K
R  E  D  Í  C  G  E  L  G  W  L  L  E  M  A
Ů  S  M  Č  R  V  Ý  P  O  Č  E  T  N  E  K
M  D  J  J  O  U  I  T  F  A  H  V  Z  T  V
Ě  K  J  M  V  W  W  A  N  P  Ú  K  E  R  I
R  D  M  O  N  N  E  M  E  F  J  E  H  I  Ř
X  G  E  B  I  T  R  E  S  J  O  L  I  E  K
X  M  D  A  C  C  J  T  O  D  R  U  F  Y  Z
V  C  I  S  E  I  B  F  C  Y  T  B  G  X  S
X  V  Á  C  X  L  O  G  I  K  A  N  A  C  I
C  Ý  N  Ž  Ě  B  O  N  V  O  R  M  N  U  D
```

VÝŠKA
ÚHEL
VÝPOČET
KRUH
KŘIVKA
PRŮMĚR
DIMENZE
ROVNICE
LOGIKA
MEDIÁN

ČÍSLO
ROVNOBĚŽNÝ
POMĚR
SEGMENT
SYMETRIE
POVRCH
TEORIE
TROJÚHELNÍK
VERTIKÁLNÍ

84 - Foresta Pluviale

```
B  Ú  O  B  N  O  V  E  N  Í  M  Z  G  M  O
K  O  T  E  Y  L  D  Ž  U  N  G  L  E  E  B
M  J  T  O  A  A  Y  L  J  D  O  A  B  C  O
X  K  V  A  Č  H  U  R  D  P  F  C  N  H  J
U  N  L  A  N  I  M  E  L  C  P  A  O  R  Ž
K  L  I  M  A  I  Š  Y  M  A  C  X  T  O  I
O  T  C  T  A  Í  C  T  Z  U  G  L  O  Z  V
P  Ů  V  O  D  N  Í  K  Ě  N  B  P  R  M  E
V  Ú  A  K  O  Á  T  O  Ý  N  N  E  C  A  L
L  C  S  X  R  V  I  M  R  A  K  Y  J  N  N
O  T  H  R  Í  O  Ž  V  A  E  B  C  L  I  Í
M  A  S  S  Ř  H  E  S  P  L  H  G  Z  T  C
K  E  I  H  P  C  Ř  F  S  W  G  D  U  O  I
P  S  X  L  R  A  P  S  Z  G  C  F  O  S  G
L  M  N  E  G  Z  X  I  W  X  L  E  H  T  R
```

OBOJŽIVELNÍCI
BOTANICKÝ
KLIMA
ROZMANITOST
DŽUNGLE
PŮVODNÍ
HMYZ
SAVCI
MECH

PŘÍRODA
MRAKY
ZACHOVÁNÍ
CENNÝ
OBNOVENÍ
ÚTOČIŠTĚ
ÚCTA
PŘEŽITÍ
DRUH

85 - Edifici

```
I  T  G  Z  B  V  S  I  E  V  V  L  J  N  P
R  X  F  I  K  B  I  T  K  P  B  Y  T  B  U
E  B  G  I  T  C  G  P  A  L  O  K  Š  S  L
W  R  T  D  A  D  V  B  M  D  A  R  H  E  B
M  V  H  O  N  I  K  C  R  F  I  D  P  T  H
L  U  N  G  V  K  J  T  A  J  E  Ó  F  N  O
A  Y  Z  P  T  Á  T  B  F  H  L  X  N  U  T
B  S  C  E  V  T  R  D  I  V  A  D  L  O  E
O  O  R  L  U  G  H  N  A  T  S  S  E  K  L
R  I  Z  D  T  M  J  W  A  V  A  M  T  A  H
A  N  E  M  O  C  N  I  C  E  R  V  S  B  V
T  E  K  R  A  M  R  E  P  U  S  J  O  I  H
O  I  S  T  O  D  O  L  A  V  Ě  Ž  H  N  F
Ř  O  T  A  V  R  E  S  B  O  C  T  A  A  L
U  N  I  V  E  R  Z  I  T  A  I  B  T  P  U
```

BYT	NEMOCNICE
KABINA	OBSERVATOŘ
HRAD	HOSTEL
KINO	ŠKOLA
TOVÁRNA	STADIÓN
FARMA	SUPERMARKET
STODOLA	DIVADLO
HOTEL	STAN
LABORATOŘ	VĚŽ
MUZEUM	UNIVERZITA

86 - Malattia

```
N G C B C I Z K V X A B F B N
E N O E H L M Á P Y C Ř W U A
U E X D R N I U N L M I A P K
R P I E O L Ě T N Ě P Š K A A
O L R R N H K P E I T N U L Ž
P I E N I S Z E T U T Í T E L
A C S Í C Z S B J Z V A N R I
T N P V K M O R D N Y S Í G V
I Í I T Ý N Č I D Ě D N Y I Ý
E V R Z B J L G G C R W N E S
V A A G A Ý K C I T E N E G R
Y R Č E L F G P X B N X H M V
U D N J S O X L U V K I Z B O
J Z Í N L Á I R E T K A B J E
G E T M K E N T T E R A P I E
```

AKUTNÍ	GENETICKÝ
BŘIŠNÍ	IMUNITA
ALERGIE	ZÁNĚT
BAKTERIÁLNÍ	BEDERNÍ
NAKAŽLIVÝ	NEUROPATIE
TĚLO	PLICNÍ
CHRONICKÝ	RESPIRAČNÍ
SRDCE	ZDRAVÍ
SLABÝ	SYNDROM
DĚDIČNÝ	TERAPIE

87 - Paesi #2

```
N  S  R  S  Ý  R  I  E  I  P  O  I  T  E  T
A  L  B  Á  N  I  E  I  W  F  J  J  Y  E  N
K  A  B  F  H  C  N  R  A  K  J  A  M  A  J
D  Á  N  S  K  O  V  É  M  L  Á  P  E  N  U
V  H  Á  O  Y  E  R  B  T  H  C  O  I  I  G
A  A  D  A  F  I  T  I  A  H  J  N  R  J  A
I  R  Ú  L  O  S  G  L  D  E  I  S  É  A  N
W  R  S  O  B  É  O  M  D  R  P  K  G  R  D
R  H  S  L  N  N  S  T  Z  F  Ř  O  I  K  A
E  J  I  K  U  O  K  P  S  S  E  K  N  U  G
J  Z  R  X  O  D  D  I  F  H  C  S  C  Y  K
Y  F  X  X  I  N  I  Z  W  A  K  U  H  C  U
T  C  P  Á  K  I  S  T  Á  N  O  R  T  A  B
S  T  Z  G  I  L  R  K  M  E  X  I  K  O  A
O  H  L  B  D  X  C  H  P  O  F  V  B  F  Y
```

ALBÁNIE	LIBÉRIE
DÁNSKO	MEXIKO
ETIOPIE	NEPÁL
JAMAJKA	NIGÉRIE
JAPONSKO	PÁKISTÁN
ŘECKO	RUSKO
HAITI	SÝRIE
INDONÉSIE	SÚDÁN
IRSKO	UKRAJINA
LAOS	UGANDA

88 - Tipi di Capelli

```
L É I Z B Z B Z V L Z C U A W
Š N F N Č A D F O R B Í Ř T S
V E V G E P R R W O Í Z Y Y I
K T D M R L K E A F L Ý G M C
U E B Á N E A V V V Ý K N E T
D L H J Á Š D F Y N Ý D Ě N H
R P R D N A E C Y G Ý A P W S
N N R J K T Ř Z S J H L U X O
A R X Y C Ý K K Ě M U H O J P
T M V F V S U C H Ý O O I A U
Ý B L O N D S S J T L O N L R
V L N I T Ý Ý T U S D G K J Y
K U J D L L B J E U A Z P Y T
K R Á T K Ý K M A L M J P E W
A R C G W N S U L T D L Z T I
```

STŘÍBRO	DLOUHÝ
SUCHÝ	HNĚDÝ
BÍLÝ	MĚKKÝ
BLOND	ČERNÁ
KRÁTKÝ	VLNITÝ
PLEŠATÝ	KUDRNATÝ
BAREVNÝ	KADEŘ
ŠEDÁ	ZDRAVÝ
PLETENÉ	TENKÝ
HLADKÝ	TLUSTÝ

89 - Vestiti

```
K C L E K C X R H K N F R B A
X A W S L G V L A A Á P I U A
B D B Z R I G Y L L H Y J N Z
N Ó R Á W K Š V E H R Ž E D Z
S M K C T V J O N O D A L A Š
S A N D Á L Y T K T E M F T A
Z Š Á T E K V F A Y L O P O T
R Á O B N E M C D L N G K B Y
U X S H B D Ž Í N Y Í W Z O I
K C Á T S J M J M C K N O A Z
A B P F Ě Z C C C E V O I V R
V P H N B R T E V S S U K N Ě
I L N X V T A I W N Z K A C N
C J J X C K F X N N I K U L A
E K L O B O U K E M A R Á N W
```

ŠATY	ZÁSTĚRA
NÁRAMEK	RUKAVICE
HALENKA	DŽÍNY
KOŠILE	SVETR
KLOBOUK	MÓDA
KABÁT	KALHOTY
PÁS	PYŽAMO
NÁHRDELNÍK	SANDÁLY
BUNDA	BOTA
SUKNĚ	ŠÁTEK

90 - Attività e Tempo Libero

```
U  W  F  L  O  G  Y  R  O  V  X  Z  F  S  P
M  V  O  L  O  B  Y  R  Z  K  E  A  R  U  O
U  D  T  M  A  L  O  V  Á  N  Í  H  E  R  T
E  K  B  W  G  S  W  J  J  A  N  R  L  F  Á
A  N  A  Y  C  A  X  B  P  V  Á  A  A  O  P
U  Z  L  L  A  B  E  S  A  B  V  D  X  V  Ě
T  E  N  I  S  B  K  T  O  O  A  N  A  Á  N
E  V  N  S  Y  A  D  G  O  I  L  I  Č  N  Í
L  X  W  V  K  S  M  G  B  X  P  Č  N  Í  Y
W  W  Y  K  Č  K  U  H  F  X  H  E  Í  R  F
U  M  Ě  N  Í  E  R  K  H  T  D  N  H  H  M
Y  N  K  V  N  T  H  E  K  B  A  Í  D  O  S
B  Y  G  T  O  B  T  U  R  I  S  T  I  K  A
T  O  I  D  K  A  V  O  L  E  J  B  A  L  P
R  C  X  S  L  L  K  E  M  P  O  V  Á  N  Í
```

UMĚNÍ	KONÍČKY
BASEBALL	POTÁPĚNÍ
BASKETBAL	PLAVÁNÍ
BOX	VOLEJBAL
FOTBAL	RYBOLOV
KEMPOVÁNÍ	MALOVÁNÍ
TURISTIKA	RELAXAČNÍ
ZAHRADNIČENÍ	SURFOVÁNÍ
GOLF	TENIS

91 - Arte

```
J E D N O D U C H Ý U K P I V
Ý R S E K G T A Í N D O V Ů P
K H U M V S Y M B O L M U I I
C Í M M K L Ý N M Í Ř P U J Z
I N S P I R O V A N Ý L S R P
M B I D X J D M E I Z E O P O
A O L V Ý R A Z A B I X C V S
R S A C Í N E Ž O L S I H I T
E O E U R L T P Y R B I A Z A
K W R D W H I A Ř F D Y X U V
O V R M N W Č R C E P F G Á A
B O U Y E O Í Z Y F D O W L E
E D S B N Á L A D A O M W N I
L K J U U Z Y U B H S M Ě Í I
T Y T I Ř O V T Y V S C H T X
```

KERAMICKÝ	OSOBNÍ
KOMPLEX	POEZIE
SLOŽENÍ	VYLÍČIT
VYTVOŘIT	SOCHA
MALBY	JEDNODUCHÝ
VÝRAZ	SYMBOL
POSTAVA	PŘEDMĚT
INSPIROVANÝ	SURREALISMUS
UPŘÍMNÝ	NÁLADA
PŮVODNÍ	VIZUÁLNÍ

92 - Corpo Umano

```
P H C L M L K Í N T O K B S E
R L K N Z X Ů R F E C D R S X
S A E R Y S Ž Z I K E Z O M H
T V D V K F E Z F O N E L O K
F A U G X F T Z H L I N X N P
L G L E K N U C H O N R Y E T
Z M A N F S U V N O S C D M G
M T Ž X B B B R C D O L Z A Y
C L V B B R A D A K U R R R Z
E B E Á D P T H U O B E B S A
S O R L Ř I S N O C H O F E B
H J K H K K Ú O R N T Z F M A
K X F A Y L B K A R W W L M A
W Y V A J P L O L B W X H D M
V T X C D R P Y E N W V D F J
```

ÚSTA	RUKA
KOTNÍK	BRADA
MOZEK	NOS
KRK	OKO
SRDCE	UCHO
PRST	KŮŽE
TVÁŘ	KREV
NOHA	RAMENO
KOLENO	ŽALUDEK
LOKET	HLAVA

93 - Mammiferi

```
D  Ě  V  D  E  M  F  Ž  N  C  B  A  W  O  A
K  E  C  I  P  O  S  I  L  D  T  X  W  W  P
N  O  L  S  E  P  B  R  T  B  R  J  F  K  G
B  M  J  F  L  K  N  A  K  O  L  K  K  Ý  B
Y  G  J  O  Í  P  N  F  V  L  K  Í  O  H  B
I  U  N  X  T  N  O  A  E  Z  K  L  Č  K  X
Y  I  A  J  K  E  K  L  K  Ů  Ň  Á  K  V  U
V  O  V  C  E  L  L  I  A  A  O  R  A  Z  A
U  E  S  M  R  E  Y  R  H  R  D  K  R  M  N
G  L  L  E  I  J  M  O  V  T  J  L  B  W  X
K  T  S  R  M  L  U  G  B  C  G  I  E  H  B
J  T  N  V  Y  G  W  M  L  N  L  Š  Z  G  F
H  W  Y  G  A  B  L  L  P  F  V  K  O  D  X
H  A  W  X  U  A  A  E  F  G  Y  A  D  A  N
G  W  N  E  J  O  B  V  R  E  E  J  M  X  X
```

VELRYBA	ŽIRAFA
PES	GORILA
KLOKAN	LEV
KŮŇ	VLK
JELEN	MEDVĚD
KRÁLÍK	OVCE
KOJOT	OPICE
DELFÍN	BÝK
SLON	LIŠKA
KOČKA	ZEBRA

94 - Cucina

```
L R R G A P O K Á Z A R M E N
S J N R R S U O T S B V R O I
H J V I A Y D Ř I K U K C B Z
V Y Í L B N Ž E F L O A W G N
S I K D P P B N V E H J Í S T
O Y D D L Z Á Í N N K W Y C I
P X V L M O N M O I O P L G P
A X U D I L C U Ž C N M Í S A
K J R S N Č Ž L E E V F Z D B
Č N A J S G K Í R T I J R T U
I X K Y P Z E Y C P C H U H O
N A B Ě R A Č K A E E N C I R
D T Y Č I N K Y T C C Y H C T
E U B R O U S E K E U O E Y T
L B S C Y V R U A R Ě T S Á Z
```

TYČINKY	LEDNIČKA
KONVICE	ZÁSTĚRA
DŽBÁN	GRIL
JÍDLO	JÍST
MÍSA	NABĚRAČKA
NOŽE	RECEPT
MRAZÁK	KOŘENÍ
LŽÍCE	HOUBA
VIDLIČKY	UBROUSEK
TROUBA	SKLENICE

95 - Jazz

```
O  B  L  Í  B  E  N  É  R  P  K  T  U  R  I
R  F  P  D  P  J  G  D  Y  N  Í  J  T  U  M
P  A  K  I  N  H  C  E  T  L  Á  S  R  C  P
H  U  D  B  A  K  E  R  M  P  F  Ž  E  D  R
T  B  G  E  M  L  L  T  U  B  B  N  C  Ň  O
D  L  T  B  S  H  Ě  S  S  L  M  P  N  Z  V
I  B  X  I  W  G  M  E  T  H  U  S  O  S  I
T  E  N  Y  R  W  U  H  Y  Y  B  K  K  K  Z
X  Z  S  F  Ý  E  V  C  R  H  L  L  S  I  A
T  A  L  E  N  T  F  R  T  N  A  A  E  H  C
E  R  O  B  V  W  E  O  N  O  I  D  L  P  E
U  Ů  X  H  A  A  Y  J  O  Ý  R  A  T  S  N
R  D  E  J  L  P  L  C  V  Y  L  T  O  E  B
T  C  D  X  S  J  E  F  Ý  S  W  E  P  M  U
Y  N  O  K  S  L  O  Ž  E  N  Í  L  G  P  M
```

ALBUM	IMPROVIZACE
POTLESK	HUDBA
UMĚLEC	NOVÝ
PÍSEŇ	ORCHESTR
SKLADATEL	OBLÍBENÉ
SLOŽENÍ	RYTMUS
KONCERT	STYL
DŮRAZ	TALENT
SLAVNÝ	TECHNIKA
ŽÁNR	STARÝ

96 - Vacanze #2

```
H  J  Y  G  X  D  A  K  P  Y  E  D  R  K  G
D  O  K  Á  O  V  O  R  T  S  O  Y  E  E  L
T  Z  T  N  Ž  O  O  P  Z  M  F  X  S  M  T
A  J  O  E  Á  L  G  V  R  K  F  A  T  P  U
X  S  F  L  L  N  M  F  G  A  T  X  A  O  M
I  G  F  O  P  Ý  X  A  L  L  V  H  U  V  X
F  J  E  V  R  Č  J  T  P  V  K  A  R  Á  W
G  S  S  O  Z  A  B  S  N  A  X  H  A  N  V
A  A  U  D  I  S  C  E  N  I  Z  I  C  Í  V
K  C  I  P  G  U  U  C  A  T  Z  B  E  U  Í
J  A  P  A  I  G  R  Ě  T  Š  I  T  E  L  Z
S  A  P  Í  N  V  O  T  S  E  C  A  Ř  I  U
X  V  P  W  E  M  D  W  B  H  G  F  O  D  M
D  E  S  T  I  N  A  C  E  C  F  N  M  Z  X
C  K  M  G  I  G  Z  G  Y  K  X  L  O  Y  A
```

LETIŠTĚ

KEMPOVÁNÍ

DESTINACE

FOTKY

HOTEL

OSTROV

MAPA

MOŘE

CESTOVNÍ PAS

RESTAURACE

PLÁŽ

CIZINEC

TAXI

VOLNÝ ČAS

STAN

DOPRAVA

VLAK

DOVOLENÁ

CESTA

VÍZUM

97 - Attività

```
R  K  S  R  Z  F  A  X  L  T  O  P  E  R  V
U  T  E  C  A  X  A  L  E  R  L  C  F  Y  O
N  A  I  Z  H  D  K  K  L  C  P  O  F  B  L
P  A  G  O  R  O  I  D  O  E  Z  S  V  O  N
Š  Ý  T  A  M  A  V  T  Y  Z  K  G  V  A  L  Ý
A  I  M  J  D  E  S  F  Á  W  D  H  F  O  Č
L  V  T  Y  N  D  I  Y  J  F  F  O  V  V  A
D  I  X  Í  I  N  R  D  M  B  F  U  Y  I  S
C  T  M  N  Č  O  U  Y  Y  K  N  A  D  Á  H
M  K  N  E  E  S  T  G  R  K  B  Z  E  N  F
O  A  V  T  N  T  U  K  H  U  F  N  R  D  U
J  R  G  Č  Í  K  E  R  A  M  I  K  A  C  D
F  O  T  O  G  R  A  F  O  V  Á  N  Í  P  J
K  E  M  P  O  V  Á  N  Í  N  Ě  M  U  S  W
Ř  E  M  E  S  L  A  P  O  T  Ě  Š  E  N  Í
```

DOVEDNOST	ZAHRADNIČENÍ
UMĚNÍ	HRY
ŘEMESLA	ZÁJMY
AKTIVITA	ČTENÍ
LOV	MAGIE
KEMPOVÁNÍ	RYBOLOV
KERAMIKA	POTĚŠENÍ
ŠITÍ	HÁDANKY
TURISTIKA	RELAXACE
FOTOGRAFOVÁNÍ	VOLNÝ ČAS

98 - Diplomazia

```
S B E Z P E Č N O S T N Í X U
P E C Á R P U L O P S B V Z L
R Ř T D I S K U S E D R T I J
A V E I X H Í N E S E N S U Ý
V V K Š K K F T K I L F N O K
E O U K E A O U J N D Z E K C
D R B P R N O H A T L T Č T I
L R E Č E W Í H Z E E O E A T
N E C D A R O P Y G C V L D A
O K A E N N F U K R F W O R M
S P U M Y E S D Y I V R P K O
T O B Č A N É K N T U H S Z L
K C R X T N Z S Ý A D Á L V P
V E L V Y S L A N E C K U Y I
S M L O U V A K I T I L O P D
```

VELVYSLANEC
OBČANÉ
OBČANSKÝ
SPOLEČENSTVÍ
KONFLIKT
PORADCE
SPOLUPRÁCE
DIPLOMATICKÝ
DISKUSE
ETIKA

SPRAVEDLNOST
VLÁDA
INTEGRITA
JAZYKY
POLITIKA
USNESENÍ
BEZPEČNOSTNÍ
ŘEŠENÍ
SMLOUVA

99 - Forniture Artistiche

```
J  J  B  J  P  Y  T  A  S  O  C  G  T  F  O
K  A  R  T  Á  Č  E  K  Z  X  M  N  V  O  O
Í  L  H  U  É  N  Ě  V  E  Ř  D  P  O  T  M
I  G  U  M  A  H  I  A  J  Í  L  V  Ř  O  K
R  W  Ž  I  D  L  E  R  C  P  E  T  I  A  O
V  J  Z  E  X  G  E  E  D  A  Y  S  V  P  A
H  T  X  U  S  M  Z  L  X  S  D  U  O  A  W
C  Z  P  G  T  T  N  Y  D  T  A  O  S  R  V
F  L  Z  H  C  N  O  O  A  E  P  K  T  Á  O
L  E  P  I  D  L  O  J  F  L  Á  N  R  T  D
Ů  T  V  D  I  P  T  D  A  Y  N  I  T  Y  A
T  K  K  H  O  B  A  I  V  N  G  F  U  V  L
S  S  I  S  S  J  X  P  L  K  R  X  Ž  R  O
R  V  C  E  B  O  K  K  Í  Z  T  X  K  A  U
G  U  B  O  L  E  J  E  V  R  U  D  Y  B  B
```

VODA	GUMA
AKVARELY	NÁPADY
AKRYL	INKOUST
JÍL	TUŽKY
DŘEVĚNÉ UHLÍ	OLEJ
PAPÍR	PASTELY
STOJAN	ŽIDLE
LEPIDLO	KARTÁČE
BARVY	STŮL
TVOŘIVOST	FOTOAPARÁT

100 - Misurazioni

```
H  S  N  E  M  B  U  D  W  O  E  V  C  Y  I
B  L  Z  C  N  C  E  Z  G  H  T  R  B  Y  D
T  S  O  N  T  O  M  H  R  T  E  M  M  Š  L
W  T  N  U  C  E  F  S  T  U  P  E  Ň  Í  X
V  N  R  M  B  B  T  Z  E  J  N  E  H  Ř  M
A  Ý  F  V  G  K  V  O  M  B  A  Y  X  K  Z
N  X  Š  B  A  K  A  L  O  L  N  B  I  A  U
W  N  E  K  Z  O  W  P  L  P  I  N  T  A  B
B  I  M  G  A  T  U  N  I  M  U  Ó  O  Y  J
K  B  U  C  D  U  W  M  K  E  C  T  R  U  E
C  Y  D  E  S  E  T  I  N  N  Ý  L  I  T  R
E  A  T  L  G  R  A  M  F  P  H  Z  S  C  E
K  W  M  A  R  G  O  L  I  K  O  B  J  E  M
X  J  R  P  C  E  N  T  I  M  E  T  R  L  V
D  É  L  K  A  M  S  E  R  F  Y  R  A  A  T
```

VÝŠKA	DÉLKA
BAJT	METR
CENTIMETR	MINUTA
KILOGRAM	UNCE
KILOMETR	HMOTNOST
DESETINNÝ	PINTA
STUPEŇ	PALEC
GRAM	HLOUBKA
ŠÍŘKA	TÓN
LITR	OBJEM

1 - Salute e Benessere #2

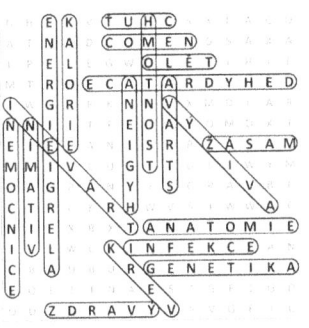

2 - Aggettivi #2

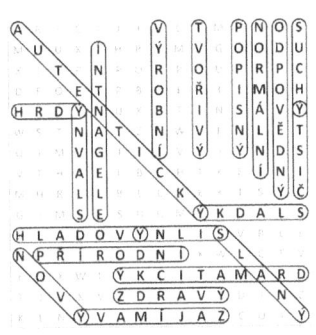

3 - Ingegneria

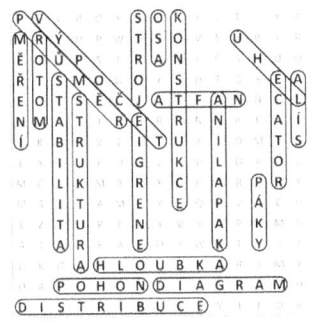

4 - Archeologia

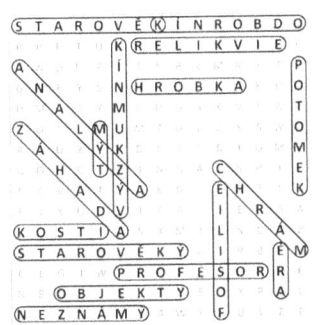

5 - Salute e Benessere #1

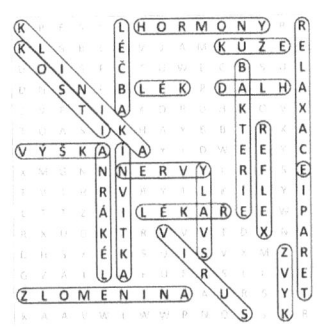

6 - Aggettivi #1

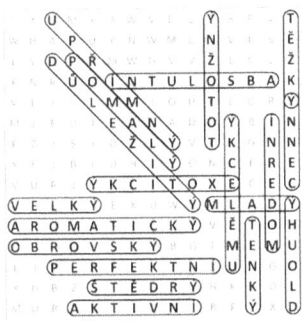

7 - Geologia

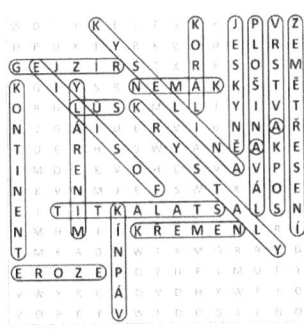

8 - Campeggio

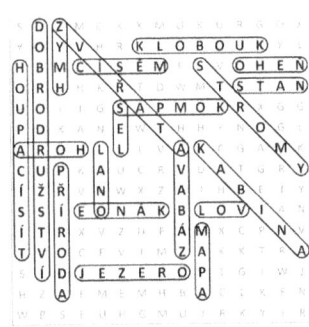

9 - Arti Visive

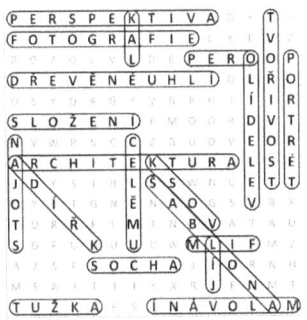

10 - Tempo

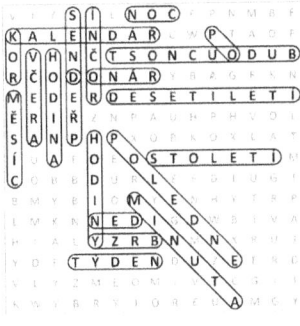

11 - Astronomia

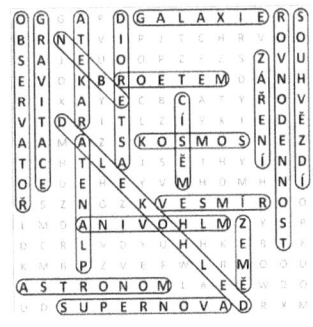

12 - Algebra

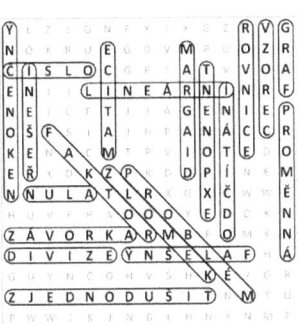

13 - Mitologia

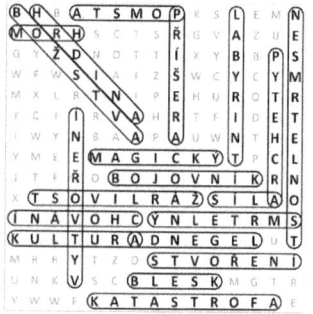

14 - Piante

15 - Spezie

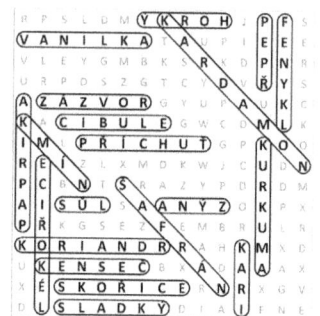

16 - Numeri

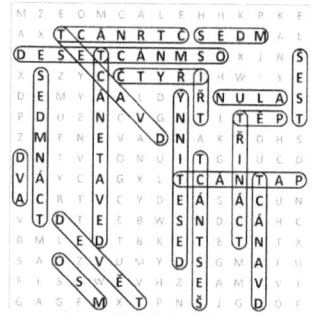

17 - Cioccolato

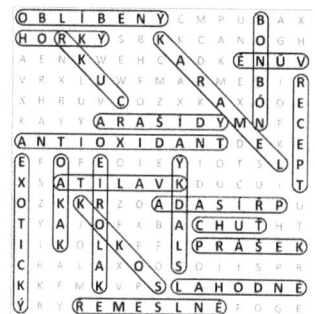

18 - Guida

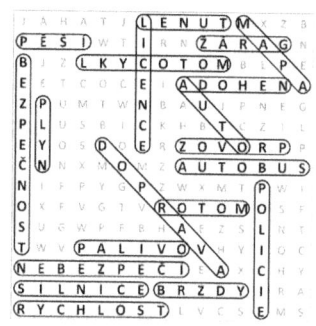

19 - I Media

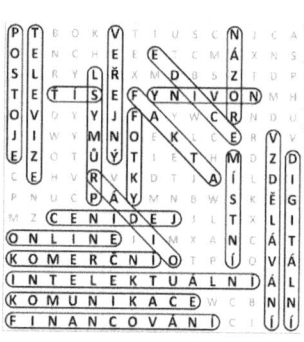

20 - Forza e Gravità

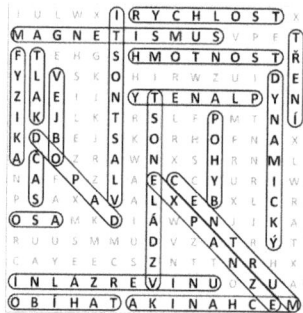

21 - Caffè

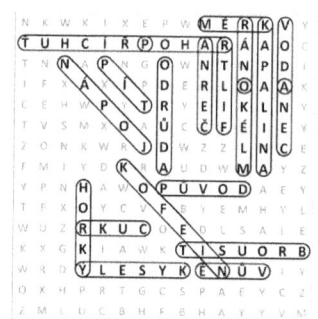

22 - Uccelli

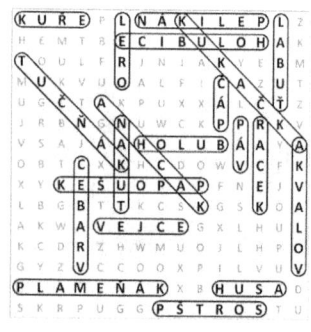

23 - Giorni e Mesi

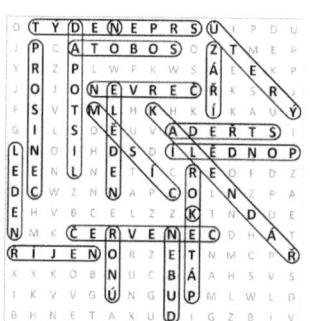

24 - Casa

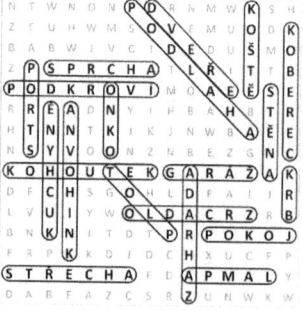

25 - Ristorante #1

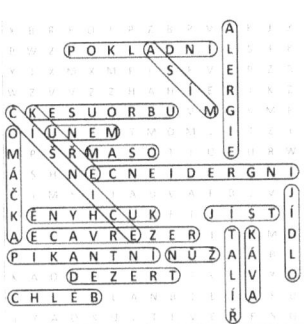

26 - Fantascienza

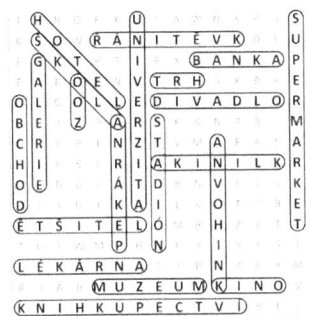

27 - Città

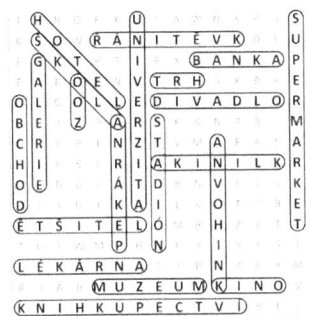

28 - Fattoria #1

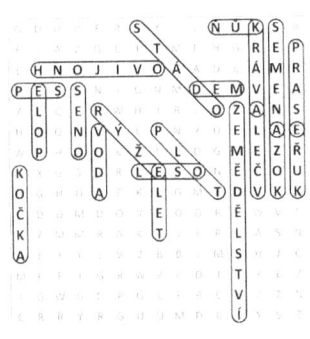

29 - Psicologia

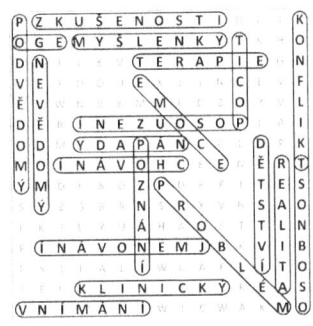

30 - Paesaggi

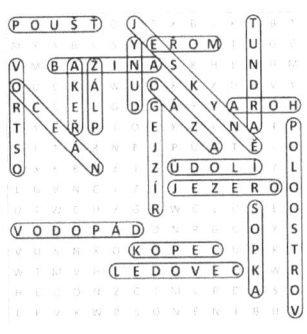

31 - Energia

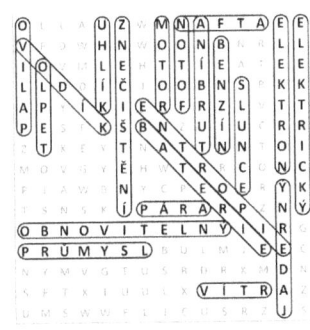

32 - Ristorante #2

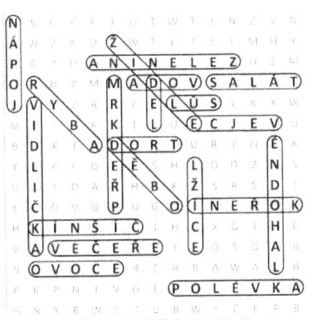

33 - Moda

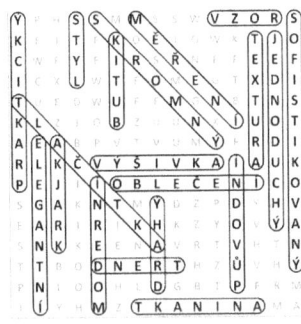

34 - L'Azienda

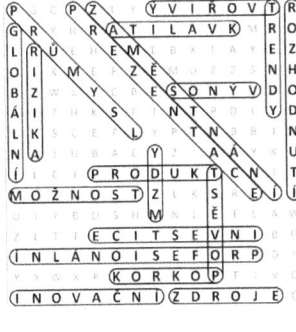

35 - Giardino

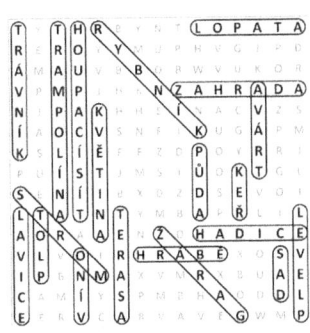

36 - Riscaldamento GI

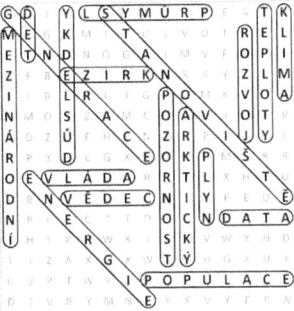

37 - Frutta

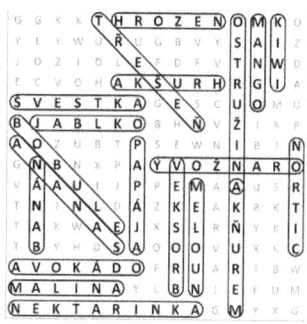

38 - Fattoria #2

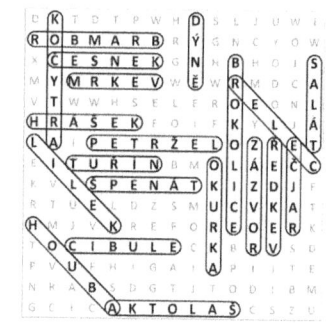

39 - Verdure

40 - Musica

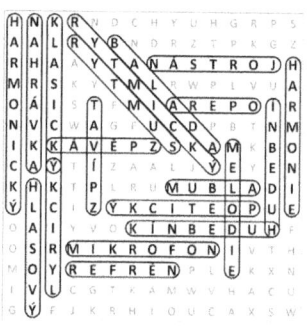

41 - Barbecue

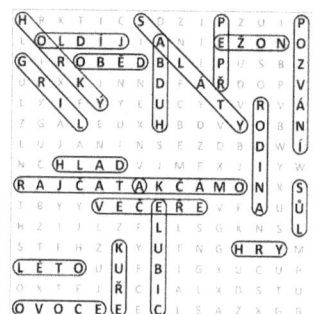

42 - Fisica

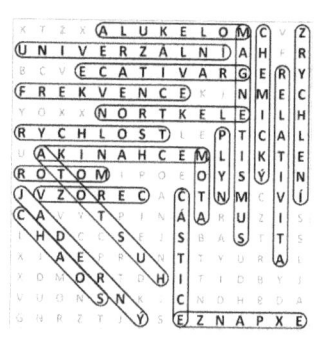

43 - Agronomia

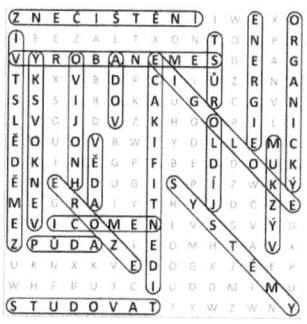

44 - Erboristeria

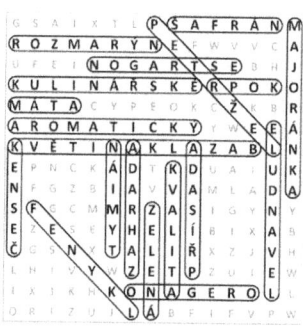

45 - Biologia

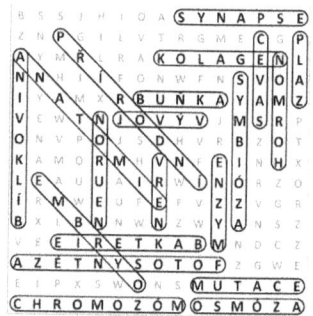

46 - Attività Commerciale

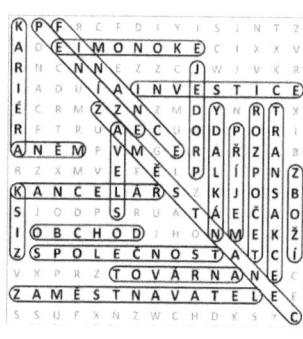

47 - Fiori

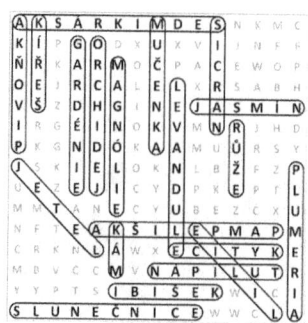

48 - Filantropia

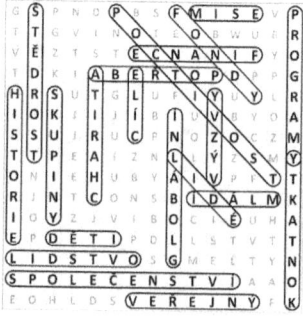

49 - Ecologia

50 - Discipline Scientifiche

51 - Scienza

52 - Acqua

53 - Imbarcazioni

54 - Chimica

55 - Strumenti Musicali

56 - Professioni #2

57 - Letteratura

58 - Cibo #2

59 - Nutrizione

60 - Matematica

61 - Meditazione

62 - Antiquariato

63 - Escursionismo

64 - Professioni #1

65 - Antartide

66 - Libri

67 - Geografia

68 - Cibo #1

69 - Etica

70 - Aeroplani

71 - Governo

72 - Bellezza

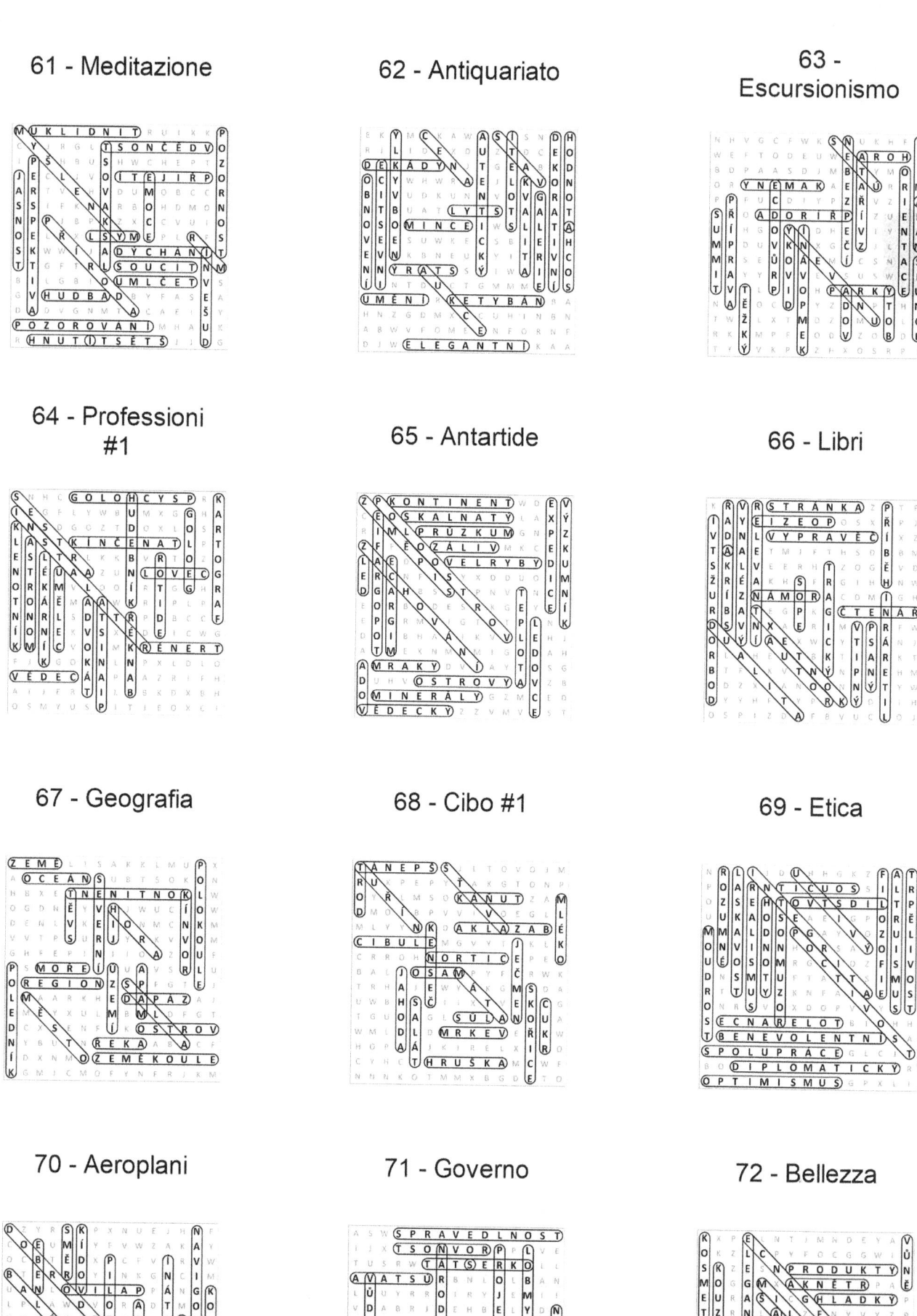

73 - Avventura

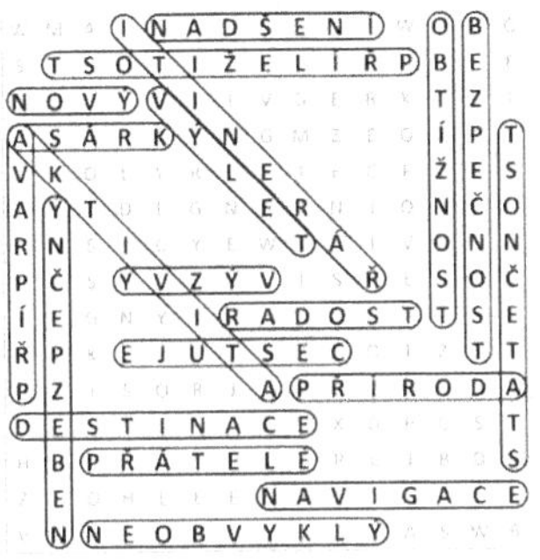

74 - Forme

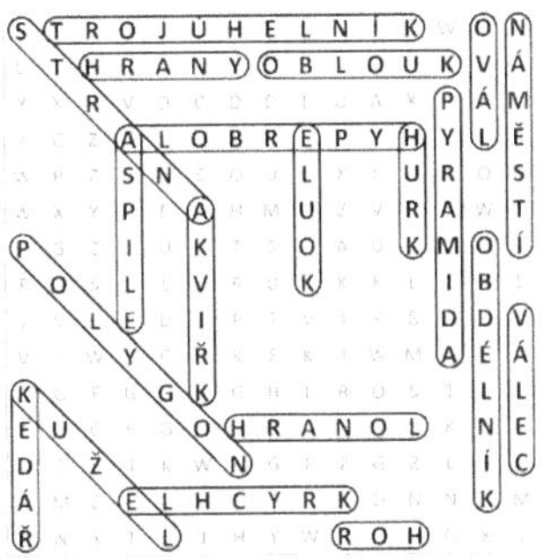

75 - Oceano

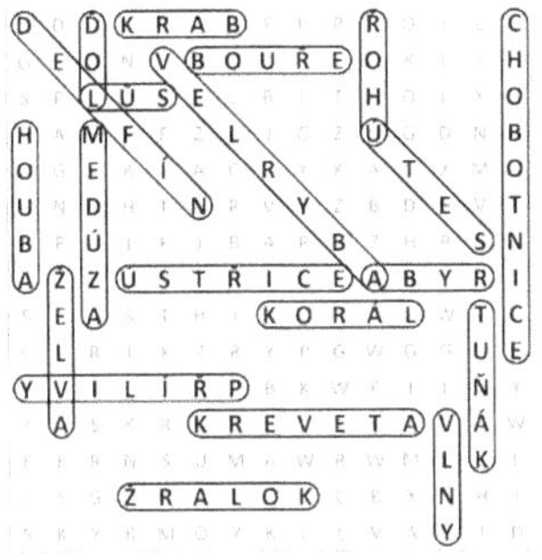

76 - Famiglia

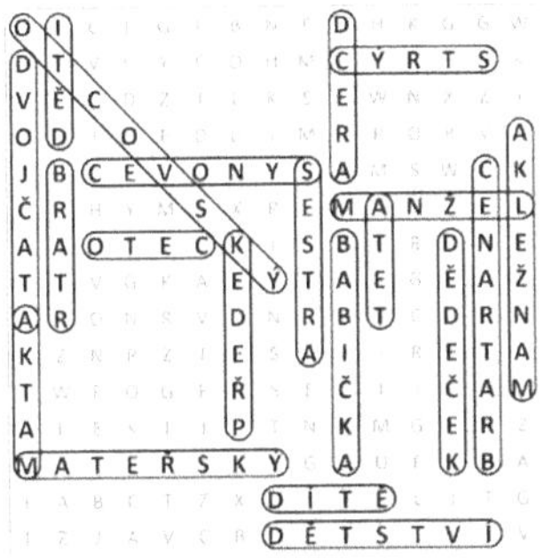

77 - Creatività

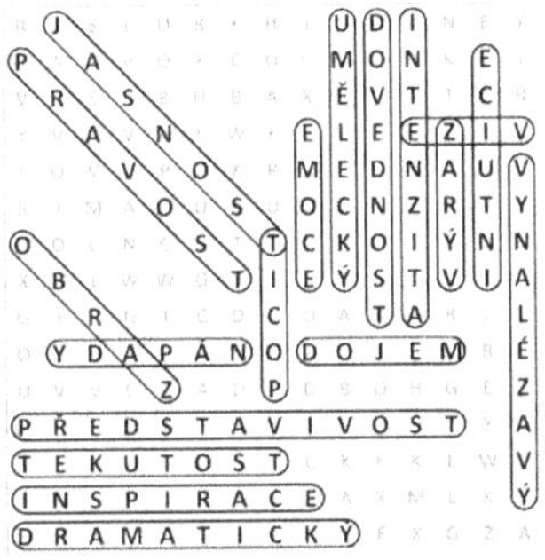

78 - Veicoli

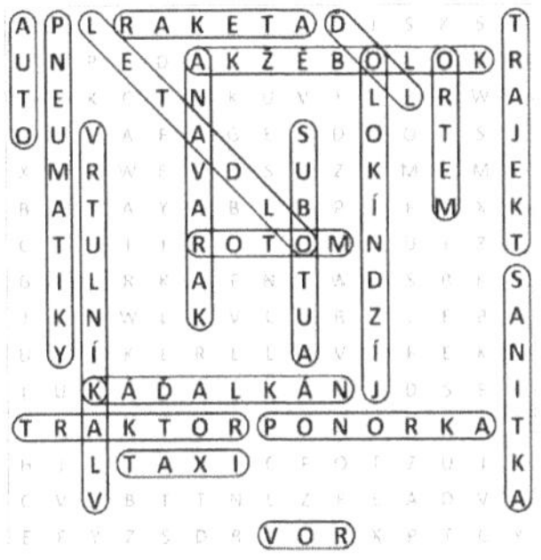

79 - Emozioni

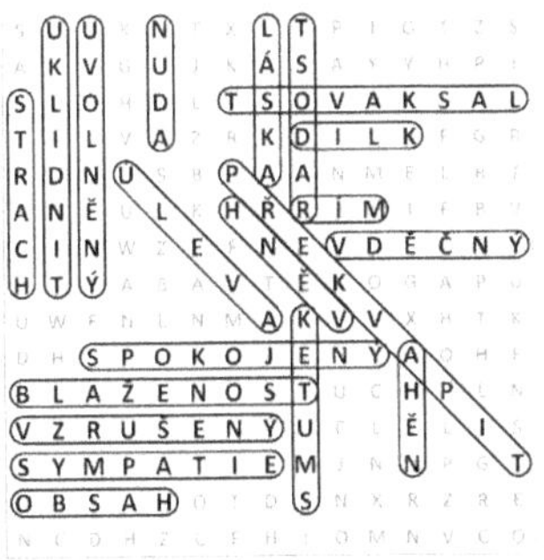

80 - Natura

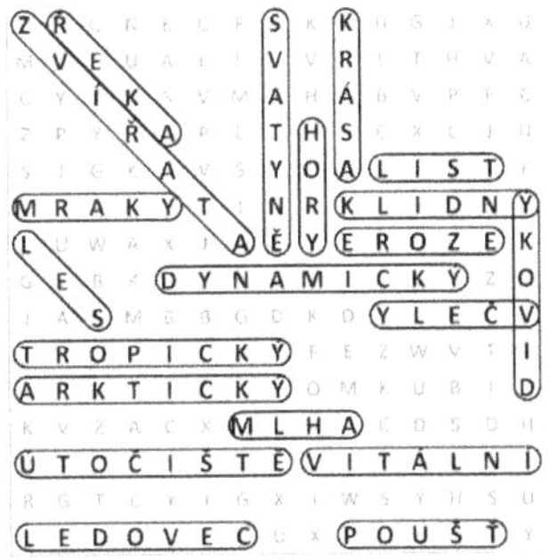

81 - Balletto

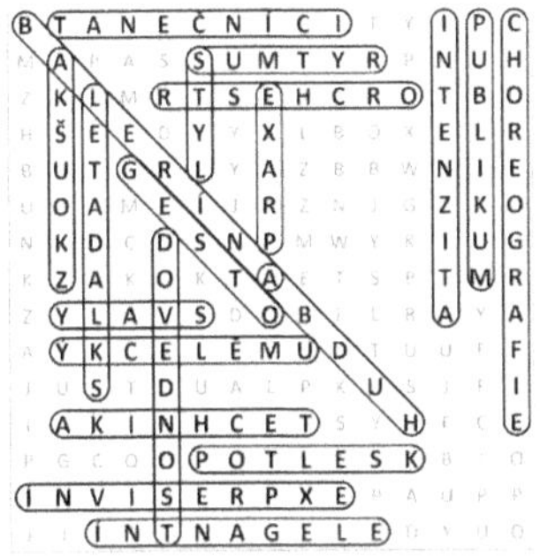

82 - Paesi #1

83 - Geometria

84 - Foresta Pluviale

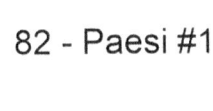
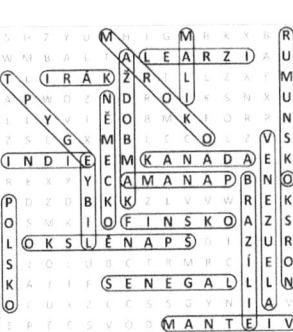
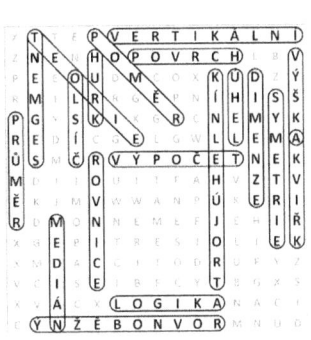
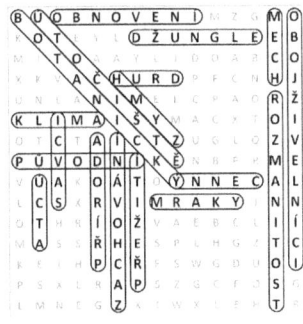

85 - Edifici

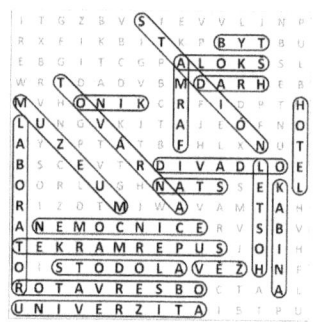

86 - Malattia

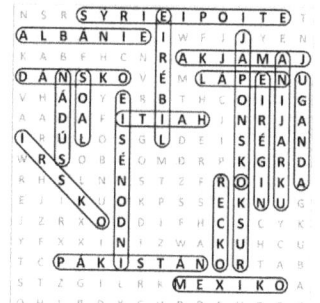

87 - Paesi #2

88 - Tipi di Capelli

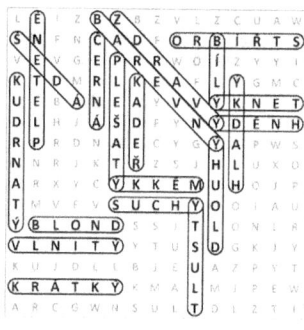

89 - Vestiti

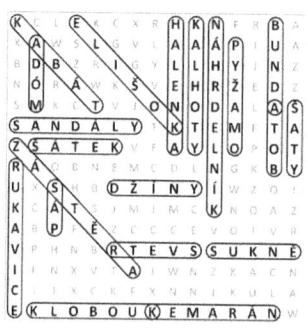

90 - Attività e Tempo Libero

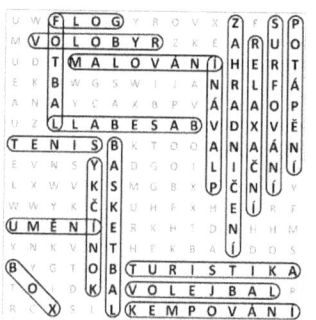

91 - Arte

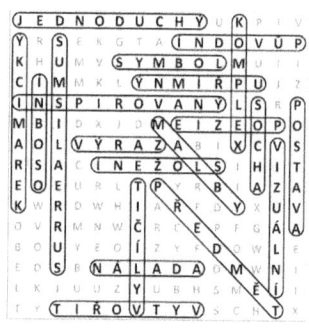

92 - Corpo Umano

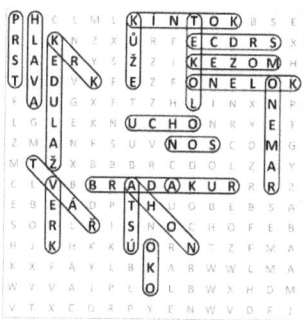

93 - Mammiferi

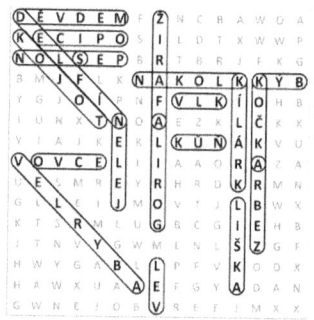

94 - Cucina

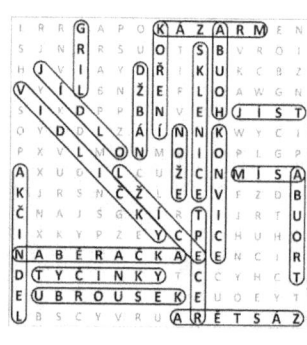

95 - Jazz

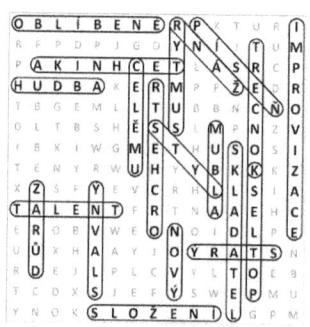

96 - Vacanze #2

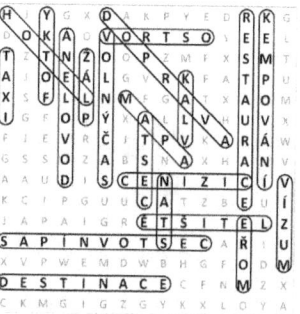

97 - Attività

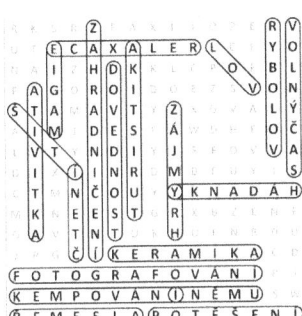

98 - Diplomazia

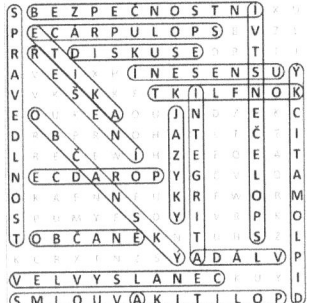

99 - Forniture Artistiche

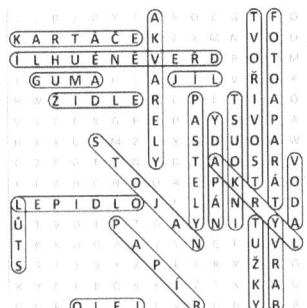

100 - Misurazioni

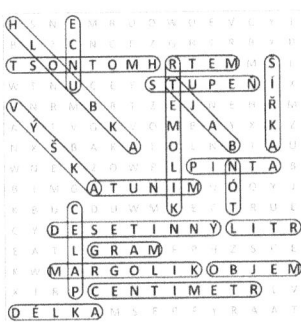

Dizionario

Acqua
Vodní

Alluvione	Povodeň
Canale	Kanál
Doccia	Sprcha
Evaporazione	Vypařování
Fiume	Řeka
Gelo	Mráz
Geyser	Gejzír
Ghiaccio	Led
Irrigazione	Zavlažování
Lago	Jezero
Monsone	Monzun
Neve	Sníh
Oceano	Oceán
Onde	Vlny
Pioggia	Déšť
Potabile	Pitný
Umidità	Vlhkost
Umido	Vlhký
Uragano	Hurikán
Vapore	Pára

Aeroplani
Letadla

Altezza	Výška
Aria	Vzduch
Atmosfera	Atmosféra
Atterraggio	Přistání
Avventura	Dobrodružství
Carburante	Palivo
Cielo	Nebe
Costruzione	Konstrukce
Design	Design
Direzione	Směr
Discesa	Sestup
Equipaggio	Posádka
Idrogeno	Vodík
Motore	Motor
Navigare	Navigovat
Palloncino	Balón
Passeggero	Cestující
Pilota	Pilot
Storia	Historie
Turbolenza	Turbulence

Aggettivi #1
Přídavná Jména #1

Ambizioso	Ambiciózní
Aromatico	Aromatický
Artistico	Umělecký
Assoluto	Absolutní
Attivo	Aktivní
Enorme	Obrovský
Esotico	Exotický
Generoso	Štědrý
Giovane	Mladý
Grande	Velký
Identico	Totožný
Importante	Důležitý
Lento	Pomalý
Lungo	Dlouhý
Moderno	Moderní
Onesto	Upřímný
Perfetto	Perfektní
Pesante	Těžký
Prezioso	Cenný
Sottile	Tenký

Aggettivi #2
Přídavná Jména #2

Affamato	Hladový
Asciutto	Suchý
Autentico	Autentický
Creativo	Tvořivý
Descrittivo	Popisný
Dolce	Sladký
Drammatico	Dramatický
Elegante	Elegantní
Famoso	Slavný
Forte	Silný
Interessante	Zajímavý
Naturale	Přírodní
Normale	Normální
Nuovo	Nový
Orgoglioso	Hrdý
Produttivo	Výrobní
Puro	Čistý
Responsabile	Odpovědný
Salato	Slaný
Sano	Zdravý

Agronomia
Agronomie

Acqua	Voda
Agricoltura	Zemědělství
Cibo	Jídlo
Crescita	Růst
Ecologia	Ekologie
Energia	Energie
Erosione	Eroze
Fertilizzante	Hnojivo
Identificazione	Identifikace
Inquinamento	Znečištění
Malattie	Nemoci
Organico	Organický
Produzione	Výroba
Ricerca	Výzkum
Rurale	Venkovský
Scienza	Věda
Semi	Semena
Sistemi	Systémy
Studio	Studovat
Suolo	Půda

Algebra
Algebry

Diagramma	Diagram
Divisione	Divize
Equazione	Rovnice
Esponente	Exponent
Falso	Falešný
Fattore	Faktor
Formula	Vzorec
Frazione	Zlomek
Grafico	Graf
Infinito	Nekonečný
Lineare	Lineární
Matrice	Matice
Numero	Číslo
Parentesi	Závorka
Problema	Problém
Semplificare	Zjednodušit
Soluzione	Řešení
Sottrazione	Odčítání
Variabile	Proměnná
Zero	Nula

Antartide
Antarktida

Acqua	Voda
Baia	Záliv
Balene	Velryby
Conservazione	Zachování
Continente	Kontinent
Esplorazione	Průzkum
Geografia	Zeměpis
Ghiacciai	Ledovce
Ghiaccio	Led
Isole	Ostrovy
Migrazione	Migrace
Minerali	Minerály
Nuvole	Mraky
Penisola	Poloostrov
Ricercatore	Výzkumník
Roccioso	Skalnatý
Scientifico	Vědecký
Spedizione	Expedice
Temperatura	Teplota
Topografia	Topografie

Antiquariato
Starožitnosti

Arte	Umění
Asta	Aukce
Autentico	Autentický
Condizione	Stav
Decenni	Dekády
Decorativo	Dekorativní
Elegante	Elegantní
Galleria	Galerie
Insolito	Neobvyklý
Investimento	Investice
Mobilio	Nábytek
Monete	Mince
Prezzo	Cena
Qualità	Kvalita
Restauro	Obnovení
Scultura	Socha
Secolo	Století
Stile	Styl
Valore	Hodnota
Vecchio	Starý

Archeologia
Archeologie

Analisi	Analýza
Antichità	Starověk
Antico	Starověký
Civiltà	Civilizace
Dimenticato	Zapomenutý
Discendente	Potomek
Era	Éra
Esperto	Odborník
Fossile	Fosilie
Mistero	Záhada
Oggetti	Objekty
Ossa	Kosti
Professore	Profesor
Reliquia	Relikvie
Ricercatore	Výzkumník
Sconosciuto	Neznámý
Squadra	Tým
Tempio	Chrám
Tomba	Hrobka
Valutazione	Hodnocení

Arte
Umění

Ceramica	Keramický
Complesso	Komplex
Composizione	Složení
Creare	Vytvořit
Dipinti	Malby
Espressione	Výraz
Figura	Postava
Ispirato	Inspirovaný
Onesto	Upřímný
Originale	Původní
Personale	Osobní
Poesia	Poezie
Ritrarre	Vylíčit
Scultura	Socha
Semplice	Jednoduchý
Simbolo	Symbol
Soggetto	Předmět
Surrealismo	Surrealismus
Umore	Nálada
Visivo	Vizuální

Arti Visive
Výtvarné Umění

Architettura	Architektura
Argilla	Jíl
Artista	Umělec
Capolavoro	Veledílo
Carbone	Dřevěné Uhlí
Cavalletto	Stojan
Cera	Vosk
Composizione	Složení
Creatività	Tvořivost
Film	Film
Fotografia	Fotografie
Gesso	Křída
Matita	Tužka
Penna	Pero
Pittura	Malování
Prospettiva	Perspektiva
Ritratto	Portrét
Scultura	Socha
Stampino	Šablona
Vernice	Lak

Astronomia
Astronomie

Asteroide	Asteroid
Astronauta	Astronaut
Astronomo	Astronom
Cielo	Nebe
Cosmo	Kosmos
Costellazione	Souhvězdí
Equinozio	Rovnodennost
Galassia	Galaxie
Gravità	Gravitace
Luna	Měsíc
Meteora	Meteor
Nebulosa	Mlhovina
Osservatorio	Observatoř
Pianeta	Planeta
Radiazione	Záření
Razzo	Raketa
Supernova	Supernova
Telescopio	Dalekohled
Terra	Země
Universo	Vesmír

Attività
Aktivity

Abilità	Dovednost
Arte	Umění
Artigianato	Řemesla
Attività	Aktivita
Caccia	Lov
Campeggio	Kempování
Ceramica	Keramika
Cucire	Šití
Escursioni	Turistika
Fotografia	Fotografování
Giardinaggio	Zahradničení
Giochi	Hry
Interessi	Zájmy
Lettura	Čtení
Magia	Magie
Pesca	Rybolov
Piacere	Potěšení
Puzzle	Hádanky
Rilassamento	Relaxace
Tempo Libero	Volný Čas

Attività Commerciale
Podnikání

Bilancio	Rozpočet
Carriera	Kariéra
Costo	Náklady
Datore di Lavoro	Zaměstnavatel
Dipendente	Zaměstnanec
Economia	Ekonomie
Fabbrica	Továrna
Finanza	Finance
Investimento	Investice
Merce	Zboží
Negozio	Obchod
Profitto	Zisk
Reddito	Příjem
Sconto	Sleva
Società	Společnost
Soldi	Peníze
Transazione	Transakce
Ufficio	Kancelář
Valuta	Měna
Vendita	Prodej

Attività e Tempo Libero
Aktivity a Volný Čas

Arte	Umění
Baseball	Baseball
Basket	Basketbal
Boxe	Box
Calcio	Fotbal
Campeggio	Kempování
Escursioni	Turistika
Giardinaggio	Zahradničení
Golf	Golf
Hobby	Koníčky
Immersione	Potápění
Nuoto	Plavání
Pallavolo	Volejbal
Pesca	Rybolov
Pittura	Malování
Rilassante	Relaxační
Shopping	Nakupování
Surf	Surfování
Tennis	Tenis
Viaggio	Cestovat

Avventura
Dobrodružství

Amici	Přátelé
Attività	Aktivita
Bellezza	Krása
Coraggio	Statečnost
Destinazione	Destinace
Difficoltà	Obtížnost
Entusiasmo	Nadšení
Escursione	Výlet
Gioia	Radost
Insolito	Neobvyklý
Itinerario	Itinerář
Natura	Příroda
Navigazione	Navigace
Nuovo	Nový
Opportunità	Příležitost
Pericoloso	Nebezpečný
Preparazione	Příprava
Sfide	Výzvy
Sicurezza	Bezpečnost
Viaggi	Cestuje

Balletto
Baletu

Abilità	Dovednost
Applauso	Potlesk
Artistico	Umělecký
Ballerina	Balerína
Ballerini	Tanečníci
Compositore	Skladatel
Coreografia	Choreografie
Espressivo	Expresivní
Gesto	Gesto
Grazioso	Elegantní
Intensità	Intenzita
Muscoli	Svaly
Musica	Hudba
Orchestra	Orchestr
Pratica	Praxe
Prova	Zkouška
Pubblico	Publikum
Ritmo	Rytmus
Stile	Styl
Tecnica	Technika

Barbecue
Grilování

Caldo	Horký
Cena	Večeře
Cibo	Jídlo
Cipolle	Cibule
Coltelli	Nože
Estate	Léto
Fame	Hlad
Famiglia	Rodina
Frutta	Ovoce
Giochi	Hry
Griglia	Gril
Insalate	Saláty
Invito	Pozvání
Musica	Hudba
Pepe	Pepř
Pollo	Kuře
Pomodori	Rajčata
Pranzo	Oběd
Sale	Sůl
Salsa	Omáčka

Bellezza
Krása

Colore	Barva
Cosmetici	Kosmetika
Elegante	Elegantní
Eleganza	Elegance
Fascino	Kouzlo
Forbici	Nůžky
Fotogenico	Fotogenický
Fragranza	Vůně
Grazia	Milost
Liscio	Hladký
Mascara	Řasenka
Oli	Oleje
Pelle	Kůže
Prodotti	Produkty
Riccioli	Kadeř
Rossetto	Rtěnka
Servizi	Služby
Shampoo	Šampon
Specchio	Zrcadlo
Stilista	Stylista

Biologia
Biologie

Anatomia	Anatomie
Batteri	Bakterie
Cellula	Buňka
Collagene	Kolagen
Cromosoma	Chromozóm
Embrione	Embryo
Enzima	Enzym
Evoluzione	Vývoj
Fotosintesi	Fotosyntéza
Mammifero	Savec
Mutazione	Mutace
Naturale	Přírodní
Nervo	Nerv
Neurone	Neuron
Ormone	Hormon
Osmosi	Osmóza
Proteina	Bílkovina
Rettile	Plaz
Simbiosi	Symbióza
Sinapsi	Synapse

Caffè
Káva

Acido	Kyselý
Acqua	Voda
Amaro	Horký
Aroma	Vůně
Bere	Pít
Bevanda	Nápoj
Caffeina	Kofein
Crema	Krém
Filtro	Filtr
Gusto	Příchuť
Latte	Mléko
Liquido	Kapalina
Macinare	Brousit
Mattina	Ráno
Nero	Černá
Origine	Původ
Prezzo	Cena
Tazza	Pohár
Varietà	Odrůda
Zucchero	Cukr

Campeggio
Kempování

Alberi	Stromy
Amaca	Houpací Sít
Animali	Zvířata
Avventura	Dobrodružství
Bussola	Kompas
Cabina	Kabina
Caccia	Lov
Canoa	Kánoe
Cappello	Klobouk
Corda	Lano
Divertimento	Zábava
Foresta	Les
Fuoco	Oheň
Insetto	Hmyz
Lago	Jezero
Luna	Měsíc
Mappa	Mapa
Montagna	Hora
Natura	Příroda
Tenda	Stan

Casa
Dům

Attico	Podkroví
Biblioteca	Knihovna
Camera	Pokoj
Camino	Krb
Cucina	Kuchyně
Doccia	Sprcha
Finestra	Okno
Garage	Garáž
Giardino	Zahrada
Lampada	Lampa
Parete	Stěna
Pavimento	Podlaha
Porta	Dveře
Recinto	Plot
Rubinetto	Kohoutek
Scopa	Koště
Soffitto	Strop
Specchio	Zrcadlo
Tappeto	Koberec
Tetto	Střecha

Chimica
Chemie

Acido	Kyselina
Alcalino	Alkalické
Atomico	Atomový
Calore	Teplo
Carbonio	Uhlík
Catalizzatore	Katalyzátor
Cloro	Chlór
Elettrone	Elektron
Enzima	Enzym
Gas	Plyn
Idrogeno	Vodík
Ione	Iont
Liquido	Kapalina
Molecola	Molekula
Nucleare	Jaderný
Organico	Organický
Ossigeno	Kyslík
Peso	Hmotnost
Sale	Sůl
Temperatura	Teplota

Cibo #1
Potraviny #1

Aglio	Česnek
Basilico	Bazalka
Cannella	Skořice
Carne	Maso
Carota	Mrkev
Cipolla	Cibule
Fragola	Jahoda
Insalata	Salát
Latte	Mléko
Limone	Citron
Menta	Máta
Orzo	Ječmen
Pera	Hruška
Rapa	Tuřín
Sale	Sůl
Spinaci	Špenát
Succo	Šťáva
Tonno	Tuňák
Torta	Dort
Zucchero	Cukr

Cibo #2
Potraviny #2

Banana	Banán
Broccolo	Brokolice
Ciliegia	Třešeň
Cioccolato	Čokoláda
Formaggio	Sýr
Fungo	Houba
Grano	Pšenice
Kiwi	Kiwi
Mela	Jablko
Melanzana	Lilek
Pane	Chléb
Pesce	Ryba
Pollo	Kuře
Pomodoro	Rajče
Prosciutto	Šunka
Riso	Rýže
Sedano	Celer
Uovo	Vejce
Uva	Hrozen
Yogurt	Jogurt

Cioccolato
Čokoláda

Amaro	Horký
Antiossidante	Antioxidant
Arachidi	Arašídy
Aroma	Vůně
Artigianale	Řemeslné
Cacao	Kakao
Calorie	Kalorie
Caramella	Bonbón
Caramello	Karamel
Delizioso	Lahodné
Dolce	Sladký
Esotico	Exotický
Gusto	Chuť
Ingrediente	Přísada
Noce di Cocco	Kokos
Polvere	Prášek
Preferito	Oblíbený
Qualità	Kvalita
Ricetta	Recept
Zucchero	Cukr

Città
Městské

Aeroporto	Letiště
Banca	Banka
Biblioteca	Knihovna
Cinema	Kino
Clinica	Klinika
Farmacia	Lékárna
Fiorista	Květinář
Galleria	Galerie
Hotel	Hotel
Libreria	Knihkupectví
Mercato	Trh
Museo	Muzeum
Negozio	Obchod
Panetteria	Pekárna
Scuola	Škola
Stadio	Stadión
Supermercato	Supermarket
Teatro	Divadlo
Università	Univerzita
Zoo	Zoo

Corpo Umano
Lidské Tělo

Bocca	Ústa
Caviglia	Kotník
Cervello	Mozek
Collo	Krk
Cuore	Srdce
Dito	Prst
Faccia	Tvář
Gamba	Noha
Ginocchio	Koleno
Gomito	Loket
Mano	Ruka
Mento	Brada
Naso	Nos
Occhio	Oko
Orecchio	Ucho
Pelle	Kůže
Sangue	Krev
Spalla	Rameno
Stomaco	Žaludek
Testa	Hlava

Creatività
Kreativita

Abilità	Dovednost
Artistico	Umělecký
Autenticità	Pravost
Chiarezza	Jasnost
Drammatico	Dramatický
Emozioni	Emoce
Espressione	Výraz
Fluidità	Tekutost
Idee	Nápady
Immaginazione	Představivost
Immagine	Obraz
Impressione	Dojem
Intensità	Intenzita
Intuizione	Intuice
Inventivo	Vynalézavý
Ispirazione	Inspirace
Sensazione	Pocit
Spontaneo	Spontánní
Visioni	Vize
Vitalità	Vitalita

Cucina
Kuchyně
Bacchette	Tyčinky
Bollitore	Konvice
Brocca	Džbán
Cibo	Jídlo
Ciotola	Mísa
Coltelli	Nože
Congelatore	Mrazák
Cucchiai	Lžíce
Forchette	Vidličky
Forno	Trouba
Frigorifero	Lednička
Grembiule	Zástěra
Griglia	Gril
Mangiare	Jíst
Mestolo	Naběračka
Ricetta	Recept
Spezie	Koření
Spugna	Houba
Tovagliolo	Ubrousek
Vaso	Sklenice

Diplomazia
Diplomacie
Ambasciatore	Velvyslanec
Cittadini	Občané
Civico	Občanský
Comunità	Společenství
Conflitto	Konflikt
Consigliere	Poradce
Cooperazione	Spolupráce
Diplomatico	Diplomatický
Discussione	Diskuse
Etica	Etika
Giustizia	Spravedlnost
Governo	Vláda
Integrità	Integrita
Lingue	Jazyky
Politica	Politika
Risoluzione	Usnesení
Sicurezza	Bezpečnostní
Soluzione	Řešení
Trattato	Smlouva
Umanitario	Humanitární

Discipline Scientifiche
Vědecké Disciplíny
Anatomia	Anatomie
Archeologia	Archeologie
Astronomia	Astronomie
Biochimica	Biochemie
Biologia	Biologie
Botanica	Botanika
Chimica	Chemie
Ecologia	Ekologie
Fisiologia	Fyziologie
Geologia	Geologie
Immunologia	Imunologie
Linguistica	Jazykověda
Meccanica	Mechanika
Meteorologia	Meteorologie
Mineralogia	Mineralogie
Neurologia	Neurologie
Psicologia	Psychologie
Sociologia	Sociologie
Termodinamica	Termodynamika
Zoologia	Zoologie

Ecologia
Ekologie
Clima	Klima
Comunità	Komunity
Diversità	Rozmanitost
Fauna	Fauna
Flora	Flóra
Globale	Globální
Marino	Mořský
Montagne	Hory
Natura	Příroda
Naturale	Přírodní
Palude	Močál
Piante	Rostliny
Risorse	Zdroje
Siccità	Sucho
Sopravvivenza	Přežití
Sostenibile	Udržitelný
Specie	Druh
Varietà	Odrůda
Vegetazione	Vegetace
Volontari	Dobrovolníci

Edifici
Budovy
Appartamento	Byt
Cabina	Kabina
Castello	Hrad
Cinema	Kino
Fabbrica	Továrna
Fattoria	Farma
Fienile	Stodola
Hotel	Hotel
Laboratorio	Laboratoř
Museo	Muzeum
Ospedale	Nemocnice
Osservatorio	Observatoř
Ostello	Hostel
Scuola	Škola
Stadio	Stadión
Supermercato	Supermarket
Teatro	Divadlo
Tenda	Stan
Torre	Věž
Università	Univerzita

Emozioni
Emoce
Amore	Láska
Beatitudine	Blaženost
Calma	Uklidnit
Contenuto	Obsah
Eccitato	Vzrušený
Gentilezza	Laskavost
Gioia	Radost
Grato	Vděčný
Noia	Nuda
Pace	Mír
Paura	Strach
Rabbia	Hněv
Rilassato	Uvolněný
Rilievo	Úleva
Simpatia	Sympatie
Soddisfatto	Spokojený
Sorpresa	Překvapit
Tenerezza	Něha
Tranquillità	Klid
Tristezza	Smutek

Energia
Energie
Batteria	Baterie
Benzina	Benzín
Calore	Teplo
Carbonio	Uhlík
Carburante	Palivo
Diesel	Nafta
Elettrico	Elektrický
Elettrone	Elektron
Entropia	Entropie
Fotone	Foton
Idrogeno	Vodík
Industria	Průmysl
Inquinamento	Znečištění
Motore	Motor
Nucleare	Jaderný
Rinnovabile	Obnovitelný
Sole	Slunce
Turbina	Turbína
Vapore	Pára
Vento	Vítr

Erboristeria
Bylinkářství
Aglio	Česnek
Aneto	Kopr
Aromatico	Aromatický
Basilico	Bazalka
Culinario	Kulinářské
Dragoncello	Estragon
Finocchio	Fenykl
Fiore	Květina
Giardino	Zahrada
Ingrediente	Přísada
Lavanda	Levandule
Maggiorana	Majoránka
Menta	Máta
Origano	Oregano
Prezzemolo	Petržel
Qualità	Kvalita
Rosmarino	Rozmarýn
Timo	Tymián
Verde	Zelená
Zafferano	Šafrán

Escursionismo
Pěší Turistika
Acqua	Voda
Animali	Zvířata
Campeggio	Kempování
Clima	Klima
Guide	Průvodce
Mappa	Mapa
Montagna	Hora
Natura	Příroda
Orientamento	Orientace
Parchi	Parky
Pericoli	Nebezpečí
Pesante	Těžký
Pietre	Kameny
Preparazione	Příprava
Scogliera	Útes
Selvaggio	Divoký
Sole	Slunce
Stanco	Unavený
Stivali	Boty
Vertice	Summit

Etica
Etiky
Altruismo	Altruismus
Benevolo	Benevolentní
Compassione	Soucit
Cooperazione	Spolupráce
Dignità	Důstojnost
Diplomatico	Diplomatický
Filosofia	Filozofie
Gentilezza	Laskavost
Integrità	Integrita
Onestà	Poctivost
Ottimismo	Optimismus
Pazienza	Trpělivost
Ragionevole	Rozumné
Razionalità	Rozumnost
Realismo	Realismus
Rispettoso	Uctivý
Saggezza	Moudrost
Tolleranza	Tolerance
Umanità	Lidstvo
Valori	Hodnoty

Famiglia
Rodinná
Antenato	Předek
Bambini	Děti
Bambino	Dítě
Cugino	Bratranec
Figlia	Dcera
Fratello	Bratr
Gemelli	Dvojčata
Infanzia	Dětství
Madre	Matka
Marito	Manžel
Materno	Mateřský
Moglie	Manželka
Nipote	Synovec
Nonna	Babička
Nonno	Dědeček
Padre	Otec
Paterno	Otcovský
Sorella	Sestra
Zia	Teta
Zio	Strýc

Fantascienza
Science Fiction
Atomico	Atomový
Cinema	Kino
Distopia	Dystopie
Esplosione	Výbuch
Estremo	Extrémní
Fantastico	Fantastický
Fuoco	Oheň
Futuristico	Futuristický
Galassia	Galaxie
Illusione	Iluze
Immaginario	Imaginární
Libri	Knihy
Misterioso	Tajemný
Mondo	Svět
Oracolo	Věštec
Pianeta	Planeta
Realistico	Realistický
Robot	Roboty
Tecnologia	Technologie
Utopia	Utopie

Fattoria #1
Farma #1

Acqua	Voda
Agricoltura	Zemědělství
Ape	Včela
Asino	Osel
Campo	Pole
Cane	Pes
Capra	Koza
Cavallo	Kůň
Fertilizzante	Hnojivo
Fieno	Seno
Gatto	Kočka
Gregge	Stádo
Maiale	Prase
Miele	Med
Mucca	Kráva
Pollo	Kuře
Recinto	Plot
Riso	Rýže
Semi	Semena
Vitello	Tele

Fattoria #2
Farma #2

Agnello	Jehněčí
Agricoltore	Zemědělec
Alveare	Úl
Anatra	Kachna
Animali	Zvířata
Cibo	Jídlo
Fienile	Stodola
Frutta	Ovoce
Frutteto	Sad
Grano	Pšenice
Irrigazione	Zavlažování
Lama	Lama
Latte	Mléko
Mais	Kukuřice
Oche	Husy
Orzo	Ječmen
Pastore	Pastýř
Pecora	Ovce
Prato	Louka
Trattore	Traktor

Filantropia
Filantropie

Bambini	Děti
Bisogno	Potřeba
Carità	Charita
Comunità	Společenství
Contatti	Kontakty
Finanza	Finance
Fondi	Fondy
Generosità	Štědrost
Gioventù	Mládí
Globale	Globální
Gruppi	Skupiny
Missione	Mise
Obiettivi	Cíle
Onestà	Poctivost
Persone	Lidé
Programmi	Programy
Pubblico	Veřejný
Sfide	Výzvy
Storia	Historie
Umanità	Lidstvo

Fiori
Květiny

Dente di Leone	Pampeliška
Gardenia	Gardénie
Gelsomino	Jasmín
Giglio	Lilie
Girasole	Slunečnice
Ibisco	Ibišek
Lavanda	Levandule
Lilla	Šeřík
Magnolia	Magnólie
Margherita	Sedmikráska
Mazzo	Kytice
Narciso	Narcis
Orchidea	Orchidej
Papavero	Mák
Passiflora	Mučenka
Peonia	Pivoňka
Plumeria	Plumeria
Rosa	Růže
Trifoglio	Jetel
Tulipano	Tulipán

Fisica
Fyzika

Accelerazione	Zrychlení
Atomo	Atom
Caos	Chaos
Chimico	Chemický
Densità	Hustota
Elettrone	Elektron
Espansione	Expanze
Formula	Vzorec
Frequenza	Frekvence
Gas	Plyn
Gravità	Gravitace
Magnetismo	Magnetismus
Meccanica	Mechanika
Molecola	Molekula
Motore	Motor
Nucleare	Jaderný
Particella	Částice
Relatività	Relativita
Universale	Univerzální
Velocità	Rychlost

Foresta Pluviale
Deštný Prales

Anfibi	Obojživelníci
Botanico	Botanický
Clima	Klima
Comunità	Společenství
Diversità	Rozmanitost
Giungla	Džungle
Indigeno	Původní
Insetti	Hmyz
Mammiferi	Savci
Muschio	Mech
Natura	Příroda
Nuvole	Mraky
Preservazione	Zachování
Prezioso	Cenný
Restauro	Obnovení
Rifugio	Útočiště
Rispetto	Úcta
Sopravvivenza	Přežití
Specie	Druh
Uccelli	Ptáci

Forme
Obrazec

Angolo	Roh
Arco	Oblouk
Bordi	Hrany
Cerchio	Kruh
Cilindro	Válec
Cono	Kužel
Cubo	Krychle
Curva	Křivka
Ellisse	Elipsa
Iperbole	Hyperbola
Lato	Strana
Linea	Řádek
Ovale	Ovál
Piramide	Pyramida
Poligono	Polygon
Prisma	Hranol
Quadrato	Náměstí
Rettangolo	Obdélník
Sfera	Koule
Triangolo	Trojúhelník

Forniture Artistiche
Výtvarné Potřeby

Acqua	Voda
Acquerelli	Akvarely
Acrilico	Akryl
Argilla	Jíl
Carbone	Dřevěné Uhlí
Carta	Papír
Cavalletto	Stojan
Colla	Lepidlo
Colori	Barvy
Creatività	Tvořivost
Gomma	Guma
Idee	Nápady
Inchiostro	Inkoust
Matite	Tužky
Olio	Olej
Pastelli	Pastely
Sedia	Židle
Spazzole	Kartáče
Tavolo	Stůl
Telecamera	Fotoaparát

Forza e Gravità
Síla a Gravitace

Asse	Osa
Attrito	Tření
Centro	Centrum
Dinamico	Dynamický
Distanza	Vzdálenost
Espansione	Expanze
Fisica	Fyzika
Impatto	Dopad
Magnetismo	Magnetismus
Meccanica	Mechanika
Movimento	Pohyb
Orbita	Obíhat
Peso	Hmotnost
Pianeti	Planety
Pressione	Tlak
Proprietà	Vlastnosti
Scoperta	Objev
Tempo	Čas
Universale	Univerzální
Velocità	Rychlost

Frutta
Ovoce

Albicocca	Meruňka
Ananas	Ananas
Arancia	Oranžový
Avocado	Avokádo
Bacca	Bobule
Banana	Banán
Ciliegia	Třešeň
Kiwi	Kiwi
Lampone	Malina
Limone	Citron
Mango	Mango
Mela	Jablko
Melone	Meloun
Mora	Ostružina
Nettarina	Nektarinka
Papaia	Papája
Pera	Hruška
Pesca	Broskev
Prugna	Švestka
Uva	Hrozen

Geografia
Kategorie: Geografie

Atlante	Atlas
Città	Město
Continente	Kontinent
Emisfero	Polokoule
Equatore	Rovník
Fiume	Řeka
Globo	Zeměkoule
Isola	Ostrov
Mappa	Mapa
Mare	Moře
Meridiano	Poledník
Mondo	Svět
Montagna	Hora
Nord	Severní
Oceano	Oceán
Ovest	Západ
Paese	Země
Regione	Region
Sud	Jih
Territorio	Území

Geologia
Geologie

Acido	Kyselina
Altopiano	Plošina
Calcio	Vápník
Caverna	Jeskyně
Continente	Kontinent
Corallo	Korál
Cristalli	Krystaly
Erosione	Eroze
Fossile	Fosilie
Geyser	Gejzír
Lava	Láva
Minerali	Minerály
Pietra	Kámen
Quarzo	Křemen
Sale	Sůl
Stalagmiti	Stalagmity
Stalattite	Stalaktit
Strato	Vrstva
Terremoto	Zemětřesení
Vulcano	Sopka

Geometria
Geometrie

Altezza	Výška
Angolo	Úhel
Calcolo	Výpočet
Cerchio	Kruh
Curva	Křivka
Diametro	Průměr
Dimensione	Dimenze
Equazione	Rovnice
Logica	Logika
Mediano	Medián
Numero	Číslo
Orizzontale	Horizontální
Parallelo	Rovnoběžný
Proporzione	Poměr
Segmento	Segment
Simmetria	Symetrie
Superficie	Povrch
Teoria	Teorie
Triangolo	Trojúhelník
Verticale	Vertikální

Giardino
Zahrada

Albero	Strom
Amaca	Houpací Síť
Cespuglio	Keř
Erba	Tráva
Erbacce	Plevel
Fiore	Květina
Frutteto	Sad
Garage	Garáž
Giardino	Zahrada
Pala	Lopata
Panca	Lavice
Prato	Trávník
Rastrello	Hrábě
Recinto	Plot
Stagno	Rybník
Suolo	Půda
Terrazza	Terasa
Trampolino	Trampolína
Tubo	Hadice
Vite	Víno

Giorni e Mesi
Dny a Měsíce

Agosto	Srpen
Anno	Rok
Aprile	Duben
Calendario	Kalendář
Dicembre	Prosinec
Domenica	Neděle
Febbraio	Únor
Gennaio	Leden
Giugno	Červen
Luglio	Červenec
Lunedì	Pondělí
Martedì	Úterý
Mercoledì	Středa
Mese	Měsíc
Novembre	Listopad
Ottobre	Říjen
Sabato	Sobota
Settembre	Září
Settimana	Týden
Venerdì	Pátek

Governo
Vláda

Capo	Vůdce
Cittadinanza	Občanství
Civile	Civilní
Costituzione	Ústava
Democrazia	Demokracie
Discorso	Projev
Discussione	Diskuse
Giudiziario	Soudní
Giustizia	Spravedlnost
Indipendenza	Nezávislost
Legge	Zákon
Libertà	Svoboda
Monumento	Pomník
Nazionale	Národní
Nazione	Národ
Politica	Politika
Quartiere	Okres
Simbolo	Symbol
Stato	Stát
Uguaglianza	Rovnost

Guida
Řízení

Auto	Auto
Autobus	Autobus
Carburante	Palivo
Freni	Brzdy
Garage	Garáž
Gas	Plyn
Incidente	Nehoda
Licenza	Licence
Mappa	Mapa
Moto	Motocykl
Motore	Motor
Pedonale	Pěší
Pericolo	Nebezpečí
Polizia	Policie
Sicurezza	Bezpečnost
Strada	Silnice
Traffico	Provoz
Trasporto	Doprava
Tunnel	Tunel
Velocità	Rychlost

I Media
Médium

Atteggiamenti	Postoje
Commerciale	Komerční
Comunicazione	Komunikace
Digitale	Digitální
Edizione	Edice
Educazione	Vzdělávání
Fatti	Fakta
Finanziamento	Financování
Foto	Fotky
Giornali	Noviny
Individuale	Jedinec
Industria	Průmysl
Intellettuale	Intelektuální
Locale	Místní
Online	Online
Opinione	Názor
Pubblico	Veřejný
Radio	Rádio
Rete	Síť
Televisione	Televize

Imbarcazioni
Lodě

Albero	Stožár
Ancora	Kotva
Barca a Vela	Plachetnice
Boa	Bóje
Canoa	Kánoe
Corda	Lano
Equipaggio	Posádka
Fiume	Řeka
Kayak	Kajak
Lago	Jezero
Mare	Moře
Marea	Příliv
Marinaio	Námořník
Motore	Motor
Nautico	Námořní
Oceano	Oceán
Onde	Vlny
Traghetto	Trajekt
Yacht	Jachta
Zattera	Vor

Ingegneria
Inženýrství

Angolo	Úhel
Asse	Osa
Calcolo	Výpočet
Costruzione	Konstrukce
Diagramma	Diagram
Diametro	Průměr
Diesel	Nafta
Distribuzione	Distribuce
Energia	Energie
Forza	Síla
Leve	Páky
Liquido	Kapalina
Macchina	Stroj
Misurazione	Měření
Motore	Motor
Profondità	Hloubka
Propulsione	Pohon
Rotazione	Rotace
Stabilità	Stabilita
Struttura	Struktura

Jazz
Jazz

Album	Album
Applauso	Potlesk
Artista	Umělec
Canzone	Píseň
Compositore	Skladatel
Composizione	Složení
Concerto	Koncert
Enfasi	Důraz
Famoso	Slavný
Genere	Žánr
Improvvisazione	Improvizace
Musica	Hudba
Nuovo	Nový
Orchestra	Orchestr
Preferiti	Oblíbené
Ritmo	Rytmus
Stile	Styl
Talento	Talent
Tecnica	Technika
Vecchio	Starý

L'Azienda
Společnost

Creativo	Tvořivý
Decisione	Rozhodnutí
Globale	Globální
Industria	Průmysl
Innovativo	Inovační
Investimento	Investice
Occupazione	Zaměstnání
Possibilità	Možnost
Presentazione	Prezentace
Prodotto	Produkt
Professionale	Profesionální
Progresso	Pokrok
Qualità	Kvalita
Reddito	Výnos
Reputazione	Pověst
Rischi	Rizika
Risorse	Zdroje
Salari	Mzdy
Tendenze	Trendy
Unità	Jednotky

Letteratura
Literatura

Analisi	Analýza
Analogia	Analogie
Aneddoto	Anekdota
Autore	Autor
Biografia	Životopis
Conclusione	Závěr
Confronto	Srovnání
Descrizione	Popis
Dialogo	Dialog
Genere	Žánr
Metafora	Metafora
Opinione	Názor
Poesia	Báseň
Poetico	Poetický
Rima	Rým
Ritmo	Rytmus
Romanzo	Román
Stile	Styl
Tema	Téma
Tragedia	Tragédie

Libri
Knihy

Autore	Autor
Avventura	Dobrodružství
Collezione	Sbírka
Contesto	Kontext
Dualità	Dualita
Epico	Epos
Inventivo	Vynalézavý
Letterario	Literární
Lettore	Čtenář
Narratore	Vypravěč
Pagina	Stránka
Poesia	Poezie
Rilevante	Relevantní
Romanzo	Román
Scritto	Psaný
Serie	Řada
Storia	Příběh
Storico	Historický
Tragico	Tragický
Umoristico	Vtipný

Malattia
Choroba

Acuto	Akutní
Addominale	Břišní
Allergie	Alergie
Batterico	Bakteriální
Contagioso	Nakažlivý
Corpo	Tělo
Cronico	Chronický
Cuore	Srdce
Debole	Slabý
Ereditario	Dědičný
Genetico	Genetický
Immunità	Imunita
Infiammazione	Zánět
Lombare	Bederní
Neuropatia	Neuropatie
Polmonare	Plicní
Respiratorio	Respirační
Salute	Zdraví
Sindrome	Syndrom
Terapia	Terapie

Mammiferi
Savci

Balena	Velryba
Cane	Pes
Canguro	Klokan
Cavallo	Kůň
Cervo	Jelen
Coniglio	Králík
Coyote	Kojot
Delfino	Delfín
Elefante	Slon
Gatto	Kočka
Giraffa	Žirafa
Gorilla	Gorila
Leone	Lev
Lupo	Vlk
Orso	Medvěd
Pecora	Ovce
Scimmia	Opice
Toro	Býk
Volpe	Liška
Zebra	Zebra

Matematica
Matematika

Angoli	Úhly
Aritmetica	Aritmetický
Decimale	Desetinný
Diametro	Průměr
Divisione	Divize
Equazione	Rovnice
Esponente	Exponent
Frazione	Zlomek
Geometria	Geometrie
Parallelo	Rovnoběžný
Parallelogramma	Rovnoběžník
Perimetro	Obvod
Poligono	Polygon
Quadrato	Náměstí
Raggio	Poloměr
Rettangolo	Obdélník
Simmetria	Symetrie
Somma	Součet
Triangolo	Trojúhelník
Volume	Objem

Meditazione
Rozjímání

Accettazione	Přijetí
Attenzione	Pozornost
Calma	Uklidnit
Chiarezza	Jasnost
Compassione	Soucit
Emozioni	Emoce
Felicità	Štěstí
Gentilezza	Laskavost
Gratitudine	Vděčnost
Mentale	Duševní
Mente	Mysl
Movimento	Hnutí
Musica	Hudba
Natura	Příroda
Osservazione	Pozorování
Pace	Mír
Pensieri	Myšlenky
Prospettiva	Perspektiva
Respirazione	Dýchání
Silenzio	Umlčet

Misurazioni
Měření

Altezza	Výška
Byte	Bajt
Centimetro	Centimetr
Chilogrammo	Kilogram
Chilometro	Kilometr
Decimale	Desetinný
Grado	Stupeň
Grammo	Gram
Larghezza	Šířka
Litro	Litr
Lunghezza	Délka
Metro	Metr
Minuto	Minuta
Oncia	Unce
Peso	Hmotnost
Pinta	Pinta
Pollice	Palec
Profondità	Hloubka
Tonnellata	Tón
Volume	Objem

Mitologia
Mytologie

Archetipo	Archetyp
Comportamento	Chování
Creatura	Stvoření
Creazione	Vytvoření
Cultura	Kultura
Disastro	Katastrofa
Divinità	Božstva
Eroe	Hrdina
Forza	Síla
Fulmine	Blesk
Gelosia	Žárlivost
Guerriero	Bojovník
Immortalità	Nesmrtelnost
Labirinto	Labyrint
Leggenda	Legenda
Magico	Magický
Mortale	Smrtelný
Mostro	Příšera
Tuono	Hrom
Vendetta	Pomsta

Moda
Módní

Abbigliamento	Oblečení
Boutique	Butik
Caro	Drahý
Confortevole	Pohodlný
Elegante	Elegantní
Misure	Měření
Modello	Vzor
Moderno	Moderní
Modesto	Skromný
Originale	Původní
Pizzo	Krajka
Pratico	Praktický
Pulsanti	Tlačítka
Ricamo	Výšivka
Semplice	Jednoduchý
Sofisticato	Sofistikovaný
Stile	Styl
Tendenza	Trend
Tessuto	Tkanina
Trama	Textura

Musica
Hudba

Album	Album
Armonia	Harmonie
Armonico	Harmonický
Ballata	Balada
Cantante	Zpěvák
Cantare	Zpívat
Classico	Klasický
Coro	Refrén
Lirico	Lyrický
Melodia	Melodie
Microfono	Mikrofon
Musicale	Hudební
Musicista	Hudebník
Opera	Opera
Poetico	Poetický
Registrazione	Nahrávka
Ritmico	Rytmický
Ritmo	Rytmus
Strumento	Nástroj
Vocale	Hlasový

Natura
Příroda

Animali	Zvířata
Api	Včely
Artico	Arktický
Bellezza	Krása
Deserto	Poušť
Dinamico	Dynamický
Erosione	Eroze
Fiume	Řeka
Fogliame	List
Foresta	Les
Ghiacciaio	Ledovec
Montagne	Hory
Nebbia	Mlha
Nuvole	Mraky
Rifugio	Útočiště
Santuario	Svatyně
Selvaggio	Divoký
Sereno	Klidný
Tropicale	Tropický
Vitale	Vitální

Numeri
Čísla

Cinque	Pět
Decimale	Desetinný
Diciannove	Devatenáct
Diciassette	Sedmnáct
Diciotto	Osmnáct
Dieci	Deset
Dodici	Dvanáct
Due	Dva
Nove	Devět
Otto	Osm
Quattordici	Čtrnáct
Quattro	Čtyři
Quindici	Patnáct
Sedici	Šestnáct
Sei	Šest
Sette	Sedm
Tre	Tři
Tredici	Třináct
Venti	Dvacet
Zero	Nula

Nutrizione
Výživa

Amaro	Horký
Appetito	Chuť
Bilanciato	Vyvážený
Calorie	Kalorie
Carboidrati	Sacharid
Commestibile	Jedlý
Dieta	Strava
Digestione	Trávení
Fermentazione	Kvašení
Liquidi	Kapaliny
Nutriente	Živina
Peso	Hmotnost
Proteine	Proteiny
Qualità	Kvalita
Salsa	Omáčka
Salute	Zdraví
Sano	Zdravý
Spezie	Koření
Tossina	Toxin
Vitamina	Vitamín

Oceano
Oceán

Anguilla	Úhoř
Balena	Velryba
Barca	Loď
Corallo	Korál
Delfino	Delfín
Gamberetto	Kreveta
Granchio	Krab
Maree	Přílivy
Medusa	Medúza
Onde	Vlny
Ostrica	Ústřice
Pesce	Ryba
Polpo	Chobotnice
Sale	Sůl
Scogliera	Útes
Spugna	Houba
Squalo	Žralok
Tartaruga	Želva
Tempesta	Bouře
Tonno	Tuňák

Paesaggi
Krajiny

Cascata	Vodopád
Collina	Kopec
Deserto	Poušť
Dune	Duny
Fiume	Řeka
Geyser	Gejzír
Ghiacciaio	Ledovec
Grotta	Jeskyně
Isola	Ostrov
Lago	Jezero
Mare	Moře
Montagna	Hora
Oasi	Oáza
Oceano	Oceán
Palude	Bažina
Penisola	Poloostrov
Spiaggia	Pláž
Tundra	Tundra
Valle	Údolí
Vulcano	Sopka

Paesi #1
Země #1

Brasile	Brazílie
Cambogia	Kambodža
Canada	Kanada
Egitto	Egypt
Finlandia	Finsko
Germania	Německo
India	Indie
Iraq	Irák
Israele	Izrael
Libia	Libye
Mali	Mali
Marocco	Maroko
Norvegia	Norsko
Panama	Panama
Polonia	Polsko
Romania	Rumunsko
Senegal	Senegal
Spagna	Španělsko
Venezuela	Venezuela
Vietnam	Vietnam

Paesi #2
Země #2

Albania	Albánie
Danimarca	Dánsko
Etiopia	Etiopie
Giamaica	Jamajka
Giappone	Japonsko
Grecia	Řecko
Haiti	Haiti
Indonesia	Indonésie
Irlanda	Irsko
Laos	Laos
Liberia	Libérie
Messico	Mexiko
Nepal	Nepál
Nigeria	Nigérie
Pakistan	Pákistán
Russia	Rusko
Siria	Sýrie
Sudan	Súdán
Ucraina	Ukrajina
Uganda	Uganda

Piante
Rostliny

Albero	Strom
Bacca	Bobule
Bambù	Bambus
Botanica	Botanika
Cactus	Kaktus
Cespuglio	Keř
Crescere	Růst
Edera	Břečťan
Erba	Tráva
Fagiolo	Fazole
Fertilizzante	Hnojivo
Fiore	Květina
Flora	Flóra
Fogliame	List
Foresta	Les
Giardino	Zahrada
Muschio	Mech
Radice	Kořen
Sole	Slunce
Vegetazione	Vegetace

Professioni #1
Profese #1

Allenatore	Trenér
Ambasciatore	Velvyslanec
Artista	Umělec
Astronomo	Astronom
Avvocato	Advokát
Ballerino	Tanečník
Banchiere	Bankéř
Cacciatore	Lovec
Cartografo	Kartograf
Editore	Editor
Farmacista	Lékárník
Geologo	Geolog
Gioielliere	Klenotník
Idraulico	Instalatér
Infermiera	Sestra
Musicista	Hudebník
Pianista	Pianista
Psicologo	Psycholog
Scienziato	Vědec
Veterinario	Veterinář

Professioni #2
Profese #2

Astronauta	Astronaut
Bibliotecario	Knihovník
Biologo	Biolog
Chirurgo	Chirurg
Dentista	Zubař
Filosofo	Filozof
Fotografo	Fotograf
Giardiniere	Zahradník
Giornalista	Novinář
Illustratore	Ilustrátor
Ingegnere	Inženýr
Insegnante	Učitel
Inventore	Vynálezce
Investigatore	Vyšetřovatel
Linguista	Lingvista
Medico	Lékař
Pilota	Pilot
Pittore	Malíř
Ricercatore	Výzkumník
Zoologo	Zoolog

Psicologia
Psychologie

Appuntamento	Jmenování
Clinico	Klinický
Cognizione	Poznání
Comportamento	Chování
Conflitto	Konflikt
Ego	Ego
Emozioni	Emoce
Esperienze	Zkušenosti
Idee	Nápady
Inconscio	Nevědomý
Infanzia	Dětství
Pensieri	Myšlenky
Percezione	Vnímání
Personalità	Osobnost
Problema	Problém
Realtà	Realita
Sensazione	Pocit
Subconscio	Podvědomý
Terapia	Terapie
Valutazione	Posouzení

Riscaldamento Globale
Globální Oteplování

Artico	Arktický
Attenzione	Pozornost
Clima	Klima
Conseguenze	Důsledky
Crisi	Krize
Dati	Data
Energia	Energie
Futuro	Budoucnost
Gas	Plyn
Generazioni	Generace
Governo	Vláda
Habitat	Stanoviště
Industria	Průmysl
Internazionale	Mezinárodní
Legislazione	Legislativa
Ora	Teď
Popolazioni	Populace
Scienziato	Vědec
Sviluppo	Rozvoj
Temperature	Teploty

Ristorante #1
Restaurace #1

Allergia	Alergie
Caffè	Káva
Cameriera	Číšnice
Carne	Maso
Cassiere	Pokladní
Cibo	Jídlo
Ciotola	Mísa
Coltello	Nůž
Cucina	Kuchyně
Dessert	Dezert
Ingredienti	Ingredience
Mangiare	Jíst
Menù	Menu
Pane	Chléb
Piatto	Talíř
Piccante	Pikantní
Pollo	Kuře
Prenotazione	Rezervace
Salsa	Omáčka
Tovagliolo	Ubrousek

Ristorante #2
Restaurace #2

Acqua	Voda
Aperitivo	Předkrm
Bevanda	Nápoj
Cameriere	Číšník
Cena	Večeře
Cucchiaio	Lžíce
Delizioso	Lahodné
Forchetta	Vidlička
Frutta	Ovoce
Ghiaccio	Led
Insalata	Salát
Minestra	Polévka
Pesce	Ryba
Pranzo	Oběd
Sale	Sůl
Sedia	Židle
Spezie	Koření
Torta	Dort
Uova	Vejce
Verdure	Zelenina

Salute e Benessere #1
Zdraví a Wellness #1

Abitudine	Zvyk
Altezza	Výška
Attivo	Aktivní
Batteri	Bakterie
Clinica	Klinika
Fame	Hlad
Farmacia	Lékárna
Frattura	Zlomenina
Medicina	Lék
Medico	Lékař
Muscoli	Svaly
Nervi	Nervy
Ormoni	Hormony
Ossa	Kosti
Pelle	Kůže
Riflesso	Reflex
Rilassamento	Relaxace
Terapia	Terapie
Trattamento	Léčba
Virus	Virus

Salute e Benessere #2
Zdraví a Wellness #2

Allergia	Alergie
Anatomia	Anatomie
Appetito	Chuť
Caloria	Kalorie
Corpo	Tělo
Dieta	Strava
Digestione	Trávení
Disidratazione	Dehydratace
Energia	Energie
Genetica	Genetika
Igiene	Hygiena
Infezione	Infekce
Malattia	Nemoc
Massaggio	Masáž
Nutrizione	Výživa
Ospedale	Nemocnice
Peso	Hmotnost
Sangue	Krev
Sano	Zdravý
Vitamina	Vitamín

Scienza
Věda

Atomo	Atom
Chimico	Chemický
Clima	Klima
Dati	Data
Esperimento	Experiment
Evoluzione	Vývoj
Fatto	Skutečnost
Fisica	Fyzika
Fossile	Fosilie
Gravità	Gravitace
Ipotesi	Hypotéza
Laboratorio	Laboratoř
Metodo	Metoda
Minerali	Minerály
Molecole	Molekuly
Natura	Příroda
Organismo	Organismus
Osservazione	Pozorování
Particelle	Částice
Scienziato	Vědec

Spezie
Koření

Aglio	Česnek
Amaro	Horký
Anice	Anýz
Cannella	Skořice
Cardamomo	Kardamon
Cipolla	Cibule
Coriandolo	Koriandr
Cumino	Kmín
Curcuma	Kurkuma
Curry	Kari
Dolce	Sladký
Finocchio	Fenykl
Gusto	Příchuť
Liquirizia	Lékořice
Paprika	Paprika
Pepe	Pepř
Sale	Sůl
Vaniglia	Vanilka
Zafferano	Šafrán
Zenzero	Zázvor

Strumenti Musicali
Hudební Nástroje

Armonica	Harmonika
Arpa	Harfa
Banjo	Bendžo
Chitarra	Kytara
Clarinetto	Klarinet
Fagotto	Fagot
Flauto	Flétna
Gong	Gong
Mandolino	Mandolína
Marimba	Marimba
Oboe	Hoboj
Percussione	Poklep
Pianoforte	Klavír
Sassofono	Saxofon
Tamburello	Tamburína
Tamburo	Buben
Tromba	Trubka
Trombone	Pozoun
Violino	Housle
Violoncello	Violoncello

Tempo
Čas

Anno	Rok
Annuale	Roční
Calendario	Kalendář
Decennio	Desetiletí
Dopo	Po
Futuro	Budoucnost
Giorno	Den
Ieri	Včera
Mattina	Ráno
Mese	Měsíc
Mezzogiorno	Poledne
Minuto	Minuta
Notte	Noc
Oggi	Dnes
Ora	Hodina
Orologio	Hodiny
Presto	Brzy
Prima	Před
Secolo	Století
Settimana	Týden

Tipi di Capelli
Typy Vlasů

Argento	Stříbro
Asciutto	Suchý
Bianco	Bílý
Biondo	Blond
Breve	Krátký
Calvo	Plešatý
Colorato	Barevný
Grigio	Šedá
Intrecciato	Pletené
Liscio	Hladký
Lungo	Dlouhý
Marrone	Hnědý
Morbido	Měkký
Nero	Černá
Ondulato	Vlnitý
Riccio	Kudrnatý
Riccioli	Kadeř
Sano	Zdravý
Sottile	Tenký
Spessore	Tlustý

Uccelli
Ptactvo

Airone	Volavka
Anatra	Kachna
Aquila	Orel
Cicogna	Čáp
Cigno	Labuť
Colomba	Holubice
Cuculo	Kukačka
Fenicottero	Plameňák
Gabbiano	Racek
Oca	Husa
Pappagallo	Papoušek
Passero	Vrabec
Pavone	Páv
Pellicano	Pelikán
Piccione	Holub
Pinguino	Tučňák
Pollo	Kuře
Struzzo	Pštros
Tucano	Tukan
Uovo	Vejce

Vacanze #2
Dovolená #2

Aeroporto	Letiště
Campeggio	Kempování
Destinazione	Destinace
Foto	Fotky
Hotel	Hotel
Isola	Ostrov
Mappa	Mapa
Mare	Moře
Passaporto	Cestovní Pas
Ristorante	Restaurace
Spiaggia	Pláž
Straniero	Cizinec
Taxi	Taxi
Tempo Libero	Volný Čas
Tenda	Stan
Trasporto	Doprava
Treno	Vlak
Vacanza	Dovolená
Viaggio	Cesta
Visto	Vízum

Veicoli
Životnost

Aereo	Letadlo
Ambulanza	Sanitka
Auto	Auto
Autobus	Autobus
Barca	Loď
Bicicletta	Jízdní Kolo
Camion	Náklaďák
Caravan	Karavana
Elicottero	Vrtulník
Metropolitana	Metro
Motore	Motor
Pneumatici	Pneumatiky
Razzo	Raketa
Scooter	Koloběžka
Sottomarino	Ponorka
Taxi	Taxi
Traghetto	Trajekt
Trattore	Traktor
Treno	Vlak
Zattera	Vor

Verdure
Zelenina

Aglio	Česnek
Broccolo	Brokolice
Carciofo	Artyčok
Carota	Mrkev
Cetriolo	Okurka
Cipolla	Cibule
Fungo	Houba
Insalata	Salát
Melanzana	Lilek
Patata	Brambor
Pisello	Hrášek
Pomodoro	Rajče
Prezzemolo	Petržel
Rapa	Tuřín
Ravanello	Ředkev
Scalogno	Šalotka
Sedano	Celer
Spinaci	Špenát
Zenzero	Zázvor
Zucca	Dýně

Vestiti
Oblečení

Abito	Šaty
Braccialetto	Náramek
Camicetta	Halenka
Camicia	Košile
Cappello	Klobouk
Cappotto	Kabát
Cintura	Pás
Collana	Náhrdelník
Giacca	Bunda
Gonna	Sukně
Grembiule	Zástěra
Guanti	Rukavice
Jeans	Džíny
Maglione	Svetr
Moda	Móda
Pantaloni	Kalhoty
Pigiama	Pyžamo
Sandali	Sandály
Scarpa	Bota
Sciarpa	Šátek

Congratulazioni

Ce l'hai fatta!

Speriamo che questo libro vi sia piaciuto tanto quanto a noi è piaciuto concepirlo. Ci sforziamo di creare libri della più alta qualità possibile.
Questa edizione è progettata per fornire un apprendimento intelligente, di qualità e divertente!

Le è piaciuto questo libro?

Una Semplice Richiesta

Questi libri esistono grazie alle recensioni che pubblicate.

Puoi aiutarci lasciando una recensione
ora a questo link ?

BestBooksActivity.com/Recensioni50

SFIDA FINALE!

Sfida n°1

Sei pronto per il tuo gioco gratuito? Li usiamo sempre, ma non sono così facili da trovare - ecco i **Sinonimi!**

Scrivi 5 parole che hai trovato nei puzzle (n° 21, n° 36, n° 76) e prova a trovare 2 sinonimi per ogni parola.

*Scrivi 5 parole del **Puzzle 21***

Parole	Sinonimo 1	Sinonimo 2

*Scrivi 5 parole del **Puzzle 36***

Parole	Sinonimo 1	Sinonimo 2

*Scrivi 5 parole del **Puzzle 76***

Parole	Sinonimo 1	Sinonimo 2

Sfida n°2

Ora che ti sei riscaldato, scrivi 5 parole che hai trovato nei puzzle n° 9, n° 17 e n° 25 e cerca di trovare 2 contrari per ogni parola. Quanti ne puoi trovare in 20 minuti?

Scrivi 5 parole del **Puzzle 9**

Parole	Antonimo 1	Antonimo 2

Scrivi 5 parole del **Puzzle 17**

Parole	Antonimo 1	Antonimo 2

Scrivi 5 parole del **Puzzle 25**

Parole	Antonimo 1	Antonimo 2

Sfida n°3

Grande! Questa sfida   non è niente per te!

Pronto per la sfida finale? Scegli 10 parole che hai scoperto nei diversi puzzle e scrivile qui sotto.

1.	6.
2.	7.
3.	8.
4.	9.
5.	10.

Ora scrivi un testo pensando a una persona, un animale o un luogo che ti piace.

Puoi usare l'ultima pagina di questo libro come bozza.

La tua composizione:

TACCUINO:

A PRESTO!

Tutta la Squadra

SCOPRIRE GIOCHI GRATIS

GO

BESTACTIVITYBOOKS.COM/FREEGAMES